"十四五"职业教育国家规划教材

U0742811

汽车美容与装饰 第2版

主　编　赵俊山　路永壮　张玉芝

副主编　景志阳　王　丹　赵　平

参　编　胡忠义　曹禄义　赵　锦

　　　　杨军身　石上海　高华宪

机械工业出版社

本书是"十四五"职业教育国家规划教材。

本书以企业需求为依据,以学生为中心,以培养高素质技术型人才为根本任务,以汽车美容与装饰从业人员必备的能力和基本素养为主线,将具体内容按照任务目标、任务描述、知识储备、任务实施、考核评价的形式编排,系统地介绍了汽车美容与装饰行业的应用和技能。

本书主要内容包括概述、汽车美容专用工具的操作使用与护理用品的选用、汽车外部的清洁护理、底盘装甲、汽车室内的清洁护理、汽车日常护理与季节护理、汽车车身附件的拆装与更换、汽车外部装饰与改装、汽车室内装饰和汽车精品的选装。

本书内容先进、资源丰富、图例直观形象、通俗易懂,可作为职业院校汽车类专业教材,也可以作为汽车美容与装饰从业人员的岗位培训用书。

为方便教学,本书配有电子课件、电子教案,凡选用本书作为授课教材的教师均可登录机械工业出版社教育服务网(www.cmpedu.com),以教师身份注册后免费下载,或咨询相关编辑,编辑电话:010-88379201。

图书在版编目(CIP)数据

汽车美容与装饰/赵俊山,路永壮,张玉芝主编.
2版. -- 北京 : 机械工业出版社,2025. 5. --("十四五"职业教育国家规划教材). -- ISBN 978-7-111
-78320-6

Ⅰ. U472

中国国家版本馆CIP数据核字第2025SV2957号

机械工业出版社(北京市百万庄大街22号 邮政编码100037)
策划编辑:师 哲　　　　　责任编辑:师 哲
责任校对:潘 蕊 李小宝　　封面设计:张 静
责任印制:单爱军
北京华联印刷有限公司印刷
2025 年 5 月第 2 版第 1 次印刷
210mm × 285mm·11 印张·320 千字
标准书号:ISBN 978-7-111-78320-6
定价:49.00 元

电话服务　　　　　　　网络服务
客服电话:010-88361066　机 工 官 网:www.cmpbook.com
　　　　　010-88379833　机 工 官 博:weibo.com/cmp1952
　　　　　010-68326294　金 书 网:www.golden-book.com
封底无防伪标均为盗版　机工教育服务网:www.cmpedu.com

关于"十四五"职业教育
国家规划教材的出版说明

为贯彻落实《中共中央关于认真学习宣传贯彻党的二十大精神的决定》《习近平新时代中国特色社会主义思想进课程教材指南》《职业院校教材管理办法》等文件精神，机械工业出版社与教材编写团队一道，认真执行思政内容进教材、进课堂、进头脑要求，尊重教育规律，遵循学科特点，对教材内容进行了更新，着力落实以下要求：

1. 提升教材铸魂育人功能，培育、践行社会主义核心价值观，教育引导学生树立共产主义远大理想和中国特色社会主义共同理想，坚定"四个自信"，厚植爱国主义情怀，把爱国情、强国志、报国行自觉融入建设社会主义现代化强国、实现中华民族伟大复兴的奋斗之中。同时，弘扬中华优秀传统文化，深入开展宪法法治教育。

2. 注重科学思维方法训练和科学伦理教育，培养学生探索未知、追求真理、勇攀科学高峰的责任感和使命感；强化学生工程伦理教育，培养学生精益求精的大国工匠精神，激发学生科技报国的家国情怀和使命担当。加快构建中国特色哲学社会科学学科体系、学术体系、话语体系。帮助学生了解相关专业和行业领域的国家战略、法律法规和相关政策，引导学生深入社会实践、关注现实问题，培育学生经世济民、诚信服务、德法兼修的职业素养。

3. 教育引导学生深刻理解并自觉实践各行业的职业精神、职业规范，增强职业责任感，培养遵纪守法、爱岗敬业、无私奉献、诚实守信、公道办事、开拓创新的职业品格和行为习惯。

在此基础上，及时更新教材知识内容，体现产业发展的新技术、新工艺、新规范、新标准。加强教材数字化建设，丰富配套资源，形成可听、可视、可练、可互动的融媒体教材。

教材建设需要各方的共同努力，也欢迎相关教材使用院校的师生及时反馈意见和建议，我们将认真组织力量进行研究，在后续重印及再版时吸纳改进，不断推动高质量教材出版。

机械工业出版社

山东省职业教育汽车车身修复专业课程改革成果教材编写委员会

主　任　魏荣庆　李玉明　高卫东
　　　　任云杰　王学忠

副主任　陈　键　李守贵　刘海峰
　　　　邱志干　牟善伟　闫　斌
　　　　汤华波　赵俊山　王化中

成　员　杜海涛　丁绍伟　付　清
　　　　高洪锁　李　强　骆洪山
　　　　刘贵森　明　波　瞿忠军
　　　　王　健　王圣利　徐　辉
　　　　尹子龙　于　辉　徐国众
　　　　张启友　张　炜　赵　福

前 言

　　本书是"十四五"职业教育国家规划教材，是基于"岗课赛证"综合育人的理念，结合我国汽车行业后市场的岗位需求、职业技能等级证书的考核标准及大赛要求，借鉴国内外先进教学模式和方法，并参照相关的国家职业标准，采用工作过程导向、任务驱动的项目化教学方式编写的。

　　本书由从事多年职业教育教学工作的一线骨干教师和学科带头人通过企业调研，对汽车维修工岗位群职业能力进行分析，研究总结汽车维修工人才培养方案，并在企业、行业专家参与下完成。

　　本书坚持"以服务为宗旨，以就业升学并重为导向"的编写思想，突出了职教特色，主要特点如下。

　　1. 落实立德树人根本任务。坚持以习近平新时代中国特色社会主义思想引领职业教育汽车类专业教材建设，提升教材的思想性、科学性和时代性。在编写理念上，根据职业院校学生的培养目标及认知特点，打破了传统的"理论—实践—再理论"的认知规律，代之以"实践—理论—再实践"的新认知规律，突出"做中学，学中做"的理念，从而发挥教材培根铸魂的作用。

　　2. 以学生为中心，注重适用性，突出职教特色。本书突出实用性、实践性和职业性，注重遵循职业教育教学规律和职业院校学生的身心发展规律。每个任务以"任务目标""任务描述"引入新知识，通过"知识储备"引导学生发现问题、分析问题、解决问题；通过"任务实施""考核评价"提升学生的课堂参与度，鼓励学生自主学习。

　　3. 符合"互联网+职业教育"的信息化教学要求，对于学习重点、难点和关键点，配套了微课视频、教学课件、电子教案等数字化资源。

　　4. 在编写体例上，打破了原有的"以学科为中心"的课程体系，建立以工作过程为导向、以工作任务为引领的课程体系，力求培养学生的职业素养和职业能力，并把培养学生的综合能力放在突出位置上。

　　5. 在编写内容的安排上，以实际生产为基本依据，以项目为载体，从易到难，循序渐进。书中所选用的图例直观形象，好教好学，内容紧扣主题，定位准确。

　　6. 在教学思想上，坚持理论与实践、知识学习与技能训练一体化，贯彻"做中学，学中做"的理念，强调实践与理论的有机统一，技能上力求满足企业用工需要，理论上做到适度、够用。

　　本书包括概述和九个项目，每个项目都由若干个任务组成，以完成项目的工作步骤为主线，调动学生自主学习和实践的积极性。每个任务包括任务目标、任务描述、知识储备、任务实施和考核评价等环节。

　　本书由赵俊山、路永壮、张玉芝任主编，景志阳、王丹、赵平任副主编，参与编写的还有胡忠义、曹禄义、赵锦、杨军身、石上海、高华宪。

　　本书在编写的过程中，得到了润华集团股份有限公司、山东金万通汽车服务集团有限公司、济南路英捷汽车服务有限公司等企业专家的大力支持，在此一并表示衷心的感谢。另外，编写过程中编者参考了大量的文献资料，在此向文献资料的作者致以诚挚的谢意。

　　由于编者水平有限，书中难免有错漏之处，敬请读者批评指正。

编　者

二维码索引

序号	名　称	二维码	页码	序号	名　称	二维码	页码
1	羽状边打磨		38	5	整板清洁除油、恢复工位		38
2	施涂环氧底漆		38	6	漆面检测与打磨		67
3	刮涂腻子		38	7	漆面抛光		67
4	打磨腻子		38				

目 录

概　　述

一、汽车美容的发展史

伴随着我国汽车工业的飞速发展，与之配套的汽车后服务市场也在快速地发展，其中以汽车美容行业的发展最为引人注目。"汽车美容"一词来源于西方国家，英文名称为"Car Beauty"或"Car Care"，指对汽车的美化与维护，是工业经济高速发展、消费观念进步以及汽车文化日益深入人心的必然产物。在我国，它已经成为普及性的、专业化很强的服务行业。汽车美容工艺如图 0-1 所示。

回顾汽车美容的发展历史，西方工业发达国家的汽车美容业几乎是与中、高档轿车的产生同步出现的，美、英等国于 20 世纪 20 年代末 30 年代初，率先出现汽车美容行业；到 20 世纪 40 年代，汽车美容业日渐发展壮大并逐步形成规模；20 世纪 70 年代后期，汽车美容业开始走向亚洲；20 世纪 80 年代，汽车美容业在全球已发展成为不可忽视的产业。

图 0-1　汽车美容工艺

20 世纪 90 年代初，汽车美容业在我国出现。20 世纪 90 年代中期，国外一些汽车美容公司纷纷将产品投放到我国市场，在全国范围内办起了连锁店，各种品牌的汽车美容用品如雨后春笋般涌现，这造就了一支汽车美容大军。国家大力发展职业教育，这让职业院校与汽车美容行业的校企合作更加深入，学校能为汽车美容企业输送越来越多优秀的人才。

二、汽车美容的主要项目

汽车美容的特点是施工项目多、覆盖范围广，既有简单项目也有复杂项目，可随意组合，服务灵活多变，作业时间短、见效快。当前流行的汽车美容主要项目如下：

1. 汽车内、外饰清洁护理

汽车内、外饰清洁护理包括汽车外部清洁护理和汽车内饰清洁护理。

（1）汽车外部清洁护理　汽车外部清洁护理包括车身、玻璃、塑胶件、轮辋、轮胎、保险杠等的清洁护理以及"底盘装甲"等。其中，车身的清洁护理包括高压洗车、新车开蜡、沥青焦油等污物的去除与打蜡或封釉护理。图 0-2 所示为人工洗车，图 0-3 所示为机器自动洗车。

（2）汽车内饰清洁护理　汽车内饰清洁护理包括车室美容、发动机美容和行李舱清洁等项目。其中，车室美容包括仪表台、脚垫、座椅、座套、地毯、遮阳板、车门内饰的吸尘清洁保护，以及蒸汽杀菌、冷暖风口除臭、室内空气净化等项目。发动机美容包括发动机冲洗清洁、喷上光保护

1

剂、做翻新处理、三滤（燃油滤清器、机油滤清器、空气滤清器）清洁等。图0-4所示为汽车仪表台的清洁。

图0-2 人工洗车

图0-3 机器自动洗车

2. 车身漆面美容

汽车美容店所做的车身漆面美容护理服务项目主要有护理性美容作业项目与漆面划痕处理项目。

（1）护理性美容作业项目 主要包括漆面的研磨、抛光、还原、打蜡和封釉护理。

1）研磨。去除漆膜表面的氧化层、轻微划痕等缺陷。漆面划痕修复时也会用到研磨工序。

2）抛光。抛光是紧接着研磨的工序，其目的是去除研磨留下的打磨痕迹。抛光要求使用专用的抛光剂，用抛光机作业。图0-5所示为汽车漆面抛光。

图0-4 汽车仪表台的清洁

图0-5 汽车漆面抛光

3）还原。还原是紧接着抛光的工序，其目的是通过使用还原剂将车漆的光泽还原到新车的状态。

4）打蜡。给车漆打蜡，蜡质不仅可以在车漆表面形成清晰度较高的保护膜，而且能够起到上光、防水、防紫外线和防静电等作用。图0-6所示为汽车漆面机器打蜡，图0-7所示为汽车漆面手工打蜡。

5）封釉。釉质主要有抗氧化、耐酸碱、光亮持久、密封和抗划痕等作用。汽车漆面封釉（图0-8）就是采用先进工艺与专用工具将高分子釉剂挤压进车漆的纹理中，使之在车漆内形成牢固的网状保护层，附着在车漆表面，大大提高车漆的硬度，降低表面粗糙度值。封釉具有1年以上的保持功效。

图 0-6　汽车漆面机器打蜡

图 0-7　汽车漆面手工打蜡

（2）漆面划痕处理项目　漆面划痕处理项目可分为漆面浅划痕处理和漆面深划痕处理。汽车漆面浅划痕处理如图 0-9 所示，要用研磨抛光的方法去除，漆面深划痕的处理可以用色漆修补笔或喷漆工艺完成。

图 0-8　汽车漆面封釉

图 0-9　汽车漆面浅划痕处理

3. 发动机的免拆清洗维护

发动机的免拆清洗维护美容服务项目包括发动机燃油供给系统、发动机冷却系统、发动机润滑系统、自动变速器的免拆清洗维护等。图 0-10 所示为发动机免拆燃油系统清洗。

4. 汽车防护及精品

汽车防护服务项目包括防爆太阳膜的装贴（图 0-11），安装汽车天窗、汽车氙灯、防盗器、汽车音响、倒车雷达、静电放电器和汽车语音报警装置等。汽车精品作为汽车美容服务的延伸项目能满足驾驶人及乘员对汽车内部附属装饰、便捷服务的需求，能使汽车美容服务贴身贴心。

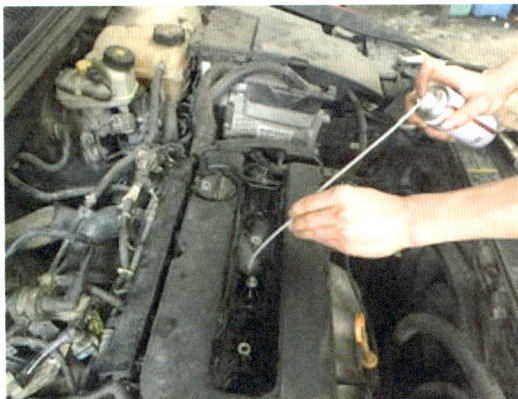

图 0-10　发动机免拆燃油系统清洗

图 0-11　防爆太阳膜的装贴

三、汽车美容的依据和原则

1. 汽车美容的依据

汽车美容应根据车型、车况、使用环境及季节等因素，有针对性地、合理地安排美容作业的时机及项目。

第一，要依据汽车的车型和档次确定。汽车美容项目、内容及使用用品根据车型不同而不同。高档轿车可考虑使用高档美容用品进行美容作业，高档美容用品全部采用纯天然材料制成，pH值呈中性。可采用高科技洗车液（适用于各种车漆）、聚酯上光镀膜蜡、轮胎泡沫清洗剂、轮胎泡沫清洗上光剂、仪表台皮革上光保护剂进行常规的美容作业。图0-12所示为车轮清洗套餐。

第二，要依据汽车自身状况确定。汽车美容作业应依据汽车漆膜及其他物面状况有针对性地进行，如车漆表面出现划痕，尤其是较深的划痕，就要进行及时的处理；若不及时处理会导致金属锈蚀，也会增大处理的难度。图0-13所示为划痕修复喷漆。

图0-12 车轮清洗套餐

图0-13 划痕修复喷漆

第三，要依据汽车行驶环境确定。汽车行驶的道路和地域不同，对汽车进行美容作业的项目和时机也不同。如果汽车经常在工业区行驶，应缩短清洗周期，经常检查漆面有无污染色素沉着，并采取积极预防措施；如果汽车经常在风沙较大地区行驶，漆面易失去光泽，应缩短抛光、打蜡的周期。

第四，要依据季节变化确定。不同季节气温和气候的变化，对汽车表面及室内部件有不同程度的影响。例如夏季气温高，漆面易高温老化，冬季寒冷干燥，漆膜易冻裂，都应进行必要的预防护理，而且冬夏两季车辆经常使用空调，车内易出现异味，应定期进行除臭和杀菌。图0-14所示为空调抗菌除臭作业。

图0-14 空调抗菌除臭作业

2. 汽车美容的原则

第一，预防与处理相结合的原则。汽车美容养护要以预防为主，即在汽车漆膜及其他物面出现损伤之前就要进行必要的养护作业，预防损伤的发生。一旦出现损伤应及时进行修复，恢复原来的状态。

第二，车主护理与专业护理相结合的原则。汽车需要专业的美容护理，同时，车主的护理也是非常有必要的。

第三，单项作业与全套作业相结合的原则。因汽车美容护理作业的项目和内容很多，所以在作业中应根据汽车自身的状况有针对性地选择项目和内容。

第四，局部护理与全车护理相结合的原则。如果汽车漆膜的局部出现损伤，只要对局部进行处理即可，只有在全车漆膜绝大部分出现损伤时，才对全车漆膜进行处理。

课 后 测 评

一、填空题

1. 汽车外部清洁护理包括＿＿＿＿、＿＿＿＿、＿＿＿＿、＿＿＿＿、＿＿＿＿和＿＿＿＿等的清洁护理以及"底盘装甲"等。

2. 汽车内饰清洁护理包括＿＿＿＿、＿＿＿＿和＿＿＿＿等项目。

3. 发动机美容包括＿＿＿＿、＿＿＿＿、＿＿＿＿和＿＿＿＿的免拆清洗维护等。

二、判断题

1. 汽车美容只是单纯意义上的汽车清洗、吸尘、除渍、除臭及打蜡等常规美容护理。　（　　）

2. 汽车在外部清洗之后的漆面美容护理项目主要有漆面研磨、抛光、还原、打蜡和封釉护理。　（　　）

3. 汽车美容应根据车型、车况、使用环境、季节及使用条件等因素，有针对性地、合理地安排美容作业的时机及项目。　（　　）

三、简答题

1. 当前流行的汽车美容与护理的主要项目有哪些？

2. 简述汽车美容的依据。

项目一　汽车美容专用工具的操作使用与护理用品的选用

任务一　汽车美容专用工具的操作使用

任务目标

1. 了解汽车美容所需的设备和工具。
2. 掌握各工具的技术参数和使用方法，并能独立操作，培养学生的积极性和主动性。

任务描述

王先生买车的时候，4S店赠送王先生一次免费的抛光、打蜡服务。今天王先生开着自己的爱车去4S店进行抛光、打蜡，原本以为抛光、打蜡很简单，没想到还有那么多工序。车间技师告诉王先生说，4S店使用汽车抛光、打蜡的专用工具按照标准工序进行作业，才能更好地对汽车起到保养护理的作用。

知识储备

一、汽车美容所需的设备和工具

1. 空气压缩机

空气压缩机（图1-1）是汽车美容护理以及维修的通用设备之一，应用范围十分广泛。空气压缩机在汽车美容护理作业中主要用于提供充足且达到预定压力值的高压压缩空气，以确保汽车美容护理作业车间所有的气动设备都能有效地工作。

空气压缩机工作时会发出较大的噪声，应注意做好消声降噪的工作。

2. 高压清洗机

高压清洗机（图1-2）用于汽车外表、发动机、底盘和车轮等的清洗，使用普通的自来水为水源，通过其内的电动泵进行加压，输出的水流压力为0.2~1.2MPa，并可以按需要进行水流压力调节。

高压清洗机分为高压冷水清洗机和高压冷热两用清洗机（图1-3、图1-4）。前者用于气温较高的南方地区，后者除了提供常温的高压水外，还增加了电加热装置，输出高压水的温度可调节，清洁效果更好，但能耗大，一般仅在冬季寒冷地区使用。高压清洗机的种类很多，性能不一，价格差别也较大。

图 1-1　空气压缩机

图 1-2　高压清洗机

图 1-3　高压冷热
两用清洗机（一）

3. 泡沫清洗机

泡沫清洗机为汽车美容清洁用的主要设备之一。它与高压清洗机不同之处是它输出的水不但可以增压（输出压力为 0.1~0.5MPa），而且还能加入专用的清洗剂，再通过压缩空气（由空气压缩机提供）使清洗剂泡沫化，然后从泡沫喷枪喷出，将泡沫状的清洗液均匀地涂敷于车身外表，通过化学反应起到极佳的除尘和脱脂作用。气动泡沫清洗机和电动泡沫清洗机分别如图 1-5 和图 1-6 所示。

图 1-4　高压冷热两用清洗机（二）　　图 1-5　气动泡沫清洗机　　图 1-6　电动泡沫清洗机

泡沫清洗机的使用方法如下：

1）打开加水阀和排气阀，加入清水，以水柱标高为准，然后按比例加入清洗剂。

2）把加水阀和排气阀关好，然后用快速接头接上空气压缩机，再将工作气压调至 245kPa（压力开关顺时针为增加压力，逆时针为减小压力）。

3）以上工作准备好后，起动空气压缩机。当压力表指示压力升至 245kPa 时，打开喷枪阀开关即可喷射出泡沫，喷射距离为 5~7m，喷射距离可通过控制压力大小来调节。

4. 水枪和气枪

水枪和气枪分别是与高压清洗机和空气压缩机配套使用的，是重要的清洗设备，种类较多，有的带快速接头，可进行快速切换；有的带长短接杆，使用较为方便。图 1-7 所示为常见水枪的外形。图 1-8 所示为常见气枪的外形。

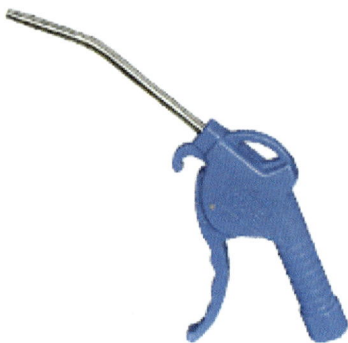

5. 板刷

板刷主要用于轮胎、挡泥板等处附着泥土、污垢的清除。由于这些部位泥土附着较厚，不易洗干净，所以要在洗车时有针对性地进行刷洗。板刷选用鬃毛板刷最佳，如图 1-9 所示，鬃毛板刷不但具有较好的韧性和耐磨性，还可以减轻刷洗作业对橡胶、塑料产生的磨损。另外，不提倡使用塑料纤维板刷，如图 1-10 所示。

图 1-7　常见水枪的外形　　　　图 1-8　常见气枪的外形　　　　图 1-9　鬃毛板刷

6. 抛光机及其附件

抛光机常常用于机械式研磨、抛光及打蜡。其工作原理是电动机带动安装在抛光机上的海绵或羊毛抛光盘高速旋转，抛光盘和抛光剂共同作用并与待抛表面进行摩擦，进而达到去除漆面污染、氧化层和浅痕的目的。抛光盘的转速一般为 1500~3000r/min，多为无级变速，施工时可根据需要随时进行调整。

（1）抛光机　抛光机有以下几种分类方法：

1）按动力来源分有气动式和电动式两种。气动式比较安全，但需要气源；电动式容易解决电源问题，但需要注意用电安全。

2）按功能分有双功能工业用磨砂抛光机和简易型抛光机两种。

3）按转速分类有高速抛光机、中速抛光机和低速抛光机 3 种。图 1-11 所示为常用的手持式变速抛光机，其工作电压为 220V，功率为 1.05kW，工作频率为 50~60Hz，转速为 1000~3000r/min。

（2）抛光机的主要附件　抛光机的主要附件是抛光盘。抛光盘安装在抛光机上，与研磨剂或抛光剂共同作用完成研磨 / 抛光作业。

1）抛光盘按与抛光机的连接方式可分为以下 3 种：

螺母盘：适用于带有螺栓接头的抛光机。

螺栓盘：适用于带有螺母接头的抛光机。

吸盘：适用于带有吸盘的抛光机。抛光机的机头用螺钉固定有一个硬质塑料聚酯底盘（也称为托盘），底盘的工作面可粘住带有尼龙易粘平面的物体，这样就可以根据需要选择各种吸盘式的抛光盘，只需将抛光吸盘贴在托盘上即可，使用起来极为方便。

2）抛光盘按材料可分为羊毛抛光盘和海绵抛光盘两种，如图 1-12 和图 1-13 所示。

（3）抛光机的使用

1）操作人员应按规定的转速进行施工。

2）当研磨 / 抛光时，操作人员不能如图 1-14 所示将研磨机斜放于漆面施工，应将研磨机平放于漆面，对研磨机均衡地向下施加压力进行施工，如图 1-15 所示。

图 1-10　塑料纤维板刷　　　　图 1-11　常用的手持式变速抛光机　　　　图 1-12　羊毛抛光盘

图 1-13　海绵抛光盘　　　　图 1-14　错误的施工方法　　　　图 1-15　正确的施工方法

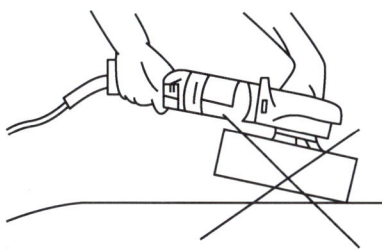

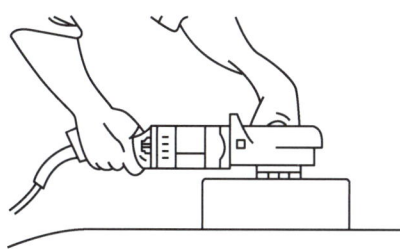

7. 麂皮

麂皮（图 1-16）具有质地柔软、韧性及耐磨性好和防静电等特点。用麂皮擦拭的车身、车窗玻璃干燥迅速，不会留有水痕，也不会像毛巾那样划伤车身并且留有绒毛，因此麂皮在洗车作业中使用广泛。麂皮主要用于擦干车身表面。

8. 打蜡机及其附件

（1）打蜡机　打蜡机也称为轨道抛光机。打蜡机的外形如图 1-17 所示。

打蜡机工作时是以椭圆形的轨迹旋转，它的托盘直径比抛光盘的大，它的机体比抛光机轻很多，而且它的双手扶把紧贴机体的中心立轴。

（2）打蜡机的主要附件　打蜡机使用的是固定打蜡托盘，因此其相应的配套件是指和打蜡托盘配套的各种盘套。

打蜡盘套（图 1-18）是一种衬有皮革底（防渗）的毛巾套，其作用是把蜡均匀地涂覆到车身上。打蜡盘套按材料分有 3 种：全棉（毛巾）的盘套、全毛（或混纺）的盘套和海绵的盘套。汽车打蜡盘套有各种规格。

图 1-16　麂皮　　　　图 1-17　打蜡机的外形　　　　图 1-18　打蜡盘套

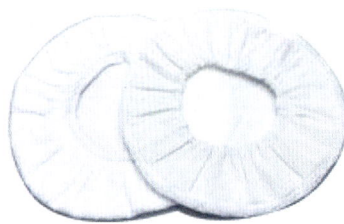

（3）打蜡机的使用方法　打蜡机的使用方法如下：

1）上蜡。当使用打蜡盘套上蜡时，将液体蜡转一圈倒在打蜡盘上，每次按 0.5m² 的面积涂匀，直至打完全车；当不使用打蜡盘套上蜡时，可用海绵或毛巾蘸少许蜡，每次按 0.5m² 的面积涂匀，至全车打完。

2）凝固。上完蜡后，等待几分钟时间，待车蜡凝固。

3）安装、检查盘套。将打蜡盘套装上，确认绒线中无杂质。

4）抛光。打开打蜡机，让打蜡机按图 1-19 所示的抛光路线进行横向与竖向覆盖式的抛光，直至光泽亮丽。

9. 封釉振抛机

封釉振抛机是封釉的专用电动工具，如图 1-20 所示。封釉波纹海绵轮如图 1-21 所示。振抛机高频振动与快速转动，与漆面摩擦产生热量，使漆面局部产生一定程度的扩张，使釉剂通过振动均匀地挤压渗透到漆面中，并在漆面上形成一层极薄的保护膜，从而有效地保护和美化漆面。

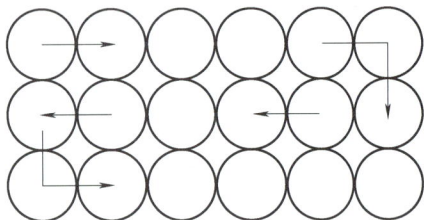

图 1-19　打蜡机的抛光路线　　　　图 1-20　封釉振抛机　　　　图 1-21　封釉波纹海绵轮

10. 吸尘机

车身内经常积聚有大量的灰尘，特别是座椅上的褶皱和一些角落部位的灰尘极难清除，一般需要使用吸尘机进行清除。吸尘机是汽车美容车间必备的工具。图 1-22 所示为国产吸尘吸水多功能清洗机。

11. 高温蒸汽清洗机

车身内饰和地毯等纤维绒布织品极易积聚污垢，使细菌极易繁殖，而吸尘机只能除尘，无法清除细菌，拆装内饰和地毯也十分麻烦，因此清洁的难度很大。汽车美容车间一般使用高温蒸汽清洗机对汽车内饰和地毯等进行除菌。图 1-23 所示为一种高效电热蒸汽清洗机。

图 1-22　国产吸尘
吸水多功能清洗机

图 1-23　高效电热蒸汽清洗机

12. 专用甩干桶

车上的座椅套、可拆式地毯和脚垫等织物容易脏污，每使用较长一段时间后应取下用水或用泡沫清洗，彻底去除灰尘、污渍和杀灭滋生的细菌。由于这些织物体积大、质量大，水洗后难以用普通脱水机脱水，因此通常使用专用甩干桶进行脱水。图 1-24 所示为一种汽车美容专用甩干桶，其容量大、转速高、功率大，能在数分钟时间内达到很好的脱水效果，是汽车美容店必备的设备。

13. 高效多功能洗衣机

汽车上的座椅套、头枕套等织物极易脏污，每隔一段时间都要进行清洗。为了节省车主的时间，汽车美容店应创造条件，做好全方位的服务工作，在完成汽车美容的同时，对织物进行清洗。

汽车美容店使用的洗衣机不同于家庭用的普通洗衣机，它要求能清洗较大质量的织物（至少要 5kg 级），而且必须是清洗、烘干和免烫三合一的高效多功能洗衣机，这样才能在完成汽车美容的同时完成各种织物的清洗和烘干，不会延误交车时间。

14. 全自动洗车机

全自动洗车机（图 1-25）可以根据不同的洗车部位选择不同的程序。程序所包括的清洗顺序为车身外表清洗、使用清洁剂清洗、车轮清洗、烘干、打蜡、外表（前后）烘干。

图 1-24　汽车美容专用甩干桶

图 1-25　全自动洗车机

图 1-26 所示为隧道连续式计算机洗车机示意图。在洗车过程中，计算机洗车机是依据压力传感器和光电控制器的信号来控制喷枪进行相应洗车工作的。

15. 底盘装甲用特殊喷枪

底盘装甲时，由于所使用的底盘装甲材料固体含量高，必须使用特殊喷枪，如图 1-27 所示。

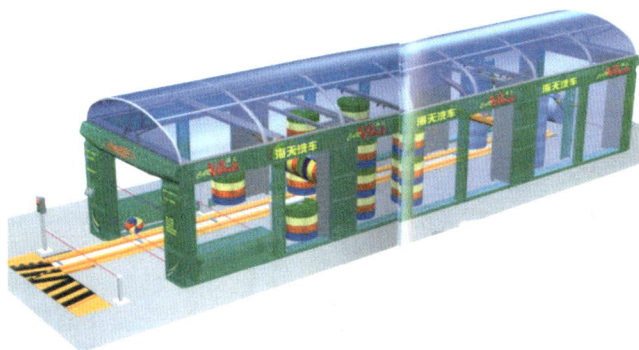

图 1-26　隧道连续式计算机洗车机示意图

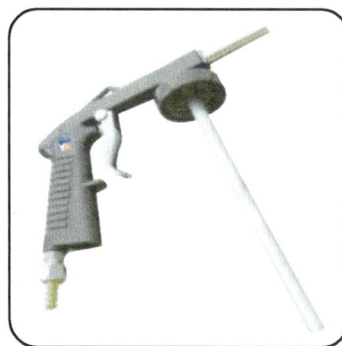

图 1-27　底盘装甲用特殊喷枪

任务二　汽车美容护理用品的选用

任务目标

1. 了解清洗剂的除垢机理。
2. 了解清洗剂的种类。
3. 了解研磨剂、抛光剂和还原剂的种类和作用。
4. 了解专业保护系列用品的种类和作用。

任务描述

　　汽车美容护理用品就是汽车美容所需要用到的物品，而汽车美容主要包括车表美容（汽车车辆清洗、除去车身油性污渍、新车打蜡、旧车打蜡、镀件翻新和轮胎翻新等）、车饰美容（发动机美容护理、行李舱清洁、仪表盘清洗护理、座套坐垫清洗等）、漆面美容（漆面抛光处理、漆面划痕处理和喷漆等）、汽车防护（粘贴防爆太阳膜、安装防盗器、安装语音报警系统、安装静电放电器、安装倒车雷达等）和汽车精品（汽车香水、车室净化、装饰贴、各种垫套等）5 个方面。

　　根据不同的汽车美容护理需求，学生应能合理选用汽车美容护理用品，通过理论学习和实践，培养精益求精的工匠精神。

知识储备

一、汽车美容护理用品

　　汽车的外表涂层及内饰件由不同的材料组成，不同的材料要采用不同的清洁方法和使用不同的美容护理用品，才能达到最佳的美容护理效果，否则会引起相互之间不良的化学反应，不但达不到美容护理效果，反而会造成材料表面的损坏。美容护理用品种类繁多，如图 1-28 所示。

图 1-28　美容护理用品

二、汽车美容护理用品分类

汽车美容护理用品种类繁多，根据美容护理用品的作用及功效将其分为汽车清洗系列用品、汽车护理系列用品和汽车专业保护系列用品 3 大类。

1. 汽车清洗系列用品

汽车清洗用品主要是清洗剂。

（1）清洗剂在洗车中的作用

1）实现快速高效清洗。清洗剂去污能力强，可大大提高清洗速度，并可将清洗与护理合二为一，减少美容工序，提高工作效率。

2）确保清洗质量。使用清洗剂洗车不仅可干净、彻底地清除各种污渍，而且还不损伤漆面，对车身表面具有很好的保护作用。

3）节省清洗费用。用清洗剂清洗油垢可减少溶剂油消耗，1kg 清洗剂大约可替代 30kg 溶剂油，可降低清洗费用约 90%。

4）有利于保护环境。采用环保型清洗剂清洗汽车可减少对环境的污染，为此，应尽量使用清洗剂清洗汽车。

（2）清洗剂的种类

1）脱蜡清洗剂。当新车需要开蜡或旧车需要重新上蜡时，应使用脱蜡清洗剂（图 1-29）对汽车进行清洗。此类清洗剂含柔和性溶剂，具有较强的溶解能力，不仅可以去除车身上的油垢，而且还能把以前的蜡洗掉。

2）不脱蜡清洗剂。在汽车进行不脱蜡清洗时，应选用不脱蜡清洗剂。该清洗剂是近年来在国内外正推广使用的水洗清洗剂，其配方基本不含碱性盐类，pH 值为 7.0，呈中性，主要成分是类型不一的表面活性剂，其中非离子活性剂使用得比较多，是车身日常清洁的首选清洗剂。

3）专用清洗剂。当车身有沥青、焦油和鸟粪等污物时，用专用清洗剂才能清除。清洗时，应根据污物的种类选用合适的专用清洗剂，如焦油、沥青去除剂和树胶清洗剂（图 1-30）。

4）自动洗车机用香波。自动洗车机用高泡香波呈中性，是一种超浓缩高泡沫型清洗剂，具有强力清洗功能，丰富的泡沫起到较好的润滑作用，可以有效地延长设备的使用寿命。自动洗车机用香波如图 1-31 所示。

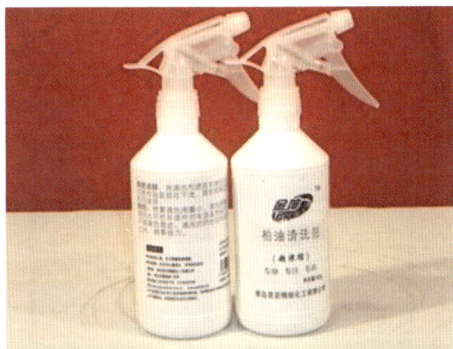

图 1-29　脱蜡清洗剂　　　　图 1-30　树胶清洗剂　　　　图 1-31　自动洗车机用香波

5）二合一清洗剂（图 1-32）。该清洗剂集清洁与护理于一身，既有清洁功能，又有上蜡功效，可以满足快速清洗兼打蜡的要求。

6）环保型清洗剂。此类清洗剂主要成分为天然原料，对环境无污染，并具有特殊的清洗效果。

7）汽车内室清洗剂。根据汽车内室部件材料的不同，汽车内室清洗剂主要分为以下几种：

13

① 化纤清洗剂。

② 真皮清洁增光剂，如图 1-33 所示。

③ 丝绒清洁保护剂。该产品主要对毛绒、丝绒和棉绒等织物进行清洁和保护。

④ 多功能内室光亮剂。

⑤ 塑料清洁上光剂（图 1-34）。此类产品主要用于塑料及橡胶制品的清洁与护理，清除油污的同时能在橡胶制品的表面上形成一层保护层，具有翻新效果。

图 1-32　二合一清洗剂　　　图 1-33　真皮清洁增光剂　　　图 1-34　塑料清洁上光剂

8）发动机清洗剂。

① 燃油喷射系统清洗剂（图 1-35）。该清洗剂大多直接加注到燃油箱内并溶解到汽油中，随着燃油的流动清除供油系统及燃油喷射装置的焦油等沉积物，并通过燃烧分解作用清除燃烧室内的积炭，从而提升发动机的燃烧效率。

② 发动机外部清洗剂（图 1-36）。当发动机外部油污较重时，需用油脂清洗剂进行清洗。此类清洗剂被称为脱脂剂，一般呈碱性，含有防锈剂成分，能快速腐化、分解和去除油污，对机体没有腐蚀作用，且水溶性好，可以完全生物降解，易用水冲洗，不留残留物。

③ 散热器清洗剂。该产品可以有效去除冷却系统中的油脂、胶质层，散热器、缸套和管道中的水垢与锈蚀，恢复系统的冷却功能，解决因水垢过多引起的发动机过热和散热器"开锅"等问题。散热器清洗剂有酸性和碱性两种。散热器清洗剂如图 1-37 所示。

图 1-35　燃油喷射系统清洗剂　　　图 1-36　发动机外部清洗剂　　　图 1-37　散热器清洗剂

④ 发动机润滑系统清洗剂。该产品在发动机不解体的情况下，通过专业设备和直接添加的方式来清洁润滑油路系统，改善润滑油的抗氧化性能，减少活塞环与气缸壁的摩擦，有效降低发动机

的噪声和消耗，提高发动机的动力性和经济性，延长发动机的使用寿命。

2. 汽车护理系列用品

汽车护理就是使用汽车护理用品并通过研磨、抛光和打蜡等作业对出现变色、老化和微浅划痕的漆面进行补救，并预防上述变异现象再次发生的措施。汽车护理系列用品主要包括汽车蜡、研磨剂、抛光剂和还原剂等。

（1）汽车蜡

1）汽车蜡的作用。汽车蜡含有油脂和其他添加成分，涂覆在汽车表面上具有防水、抗高温、防静电、防紫外线、研磨抛光和上光的作用。

2）汽车蜡的种类。汽车蜡的主要成分是聚乙烯乳液或硅酮类高分子化合物。由于车蜡中富含的添加成分不同，使其物质形态性能上有所区别，进而划分为不同的种类：

① 按物理状态不同分类，可分为固体蜡和液体蜡两种。

② 按生产国别不同分类，可大体分为国产蜡和进口蜡。

③ 按其作用不同分类，可分为防水蜡、防高温蜡、防静电蜡及防紫外线蜡等。

④ 按其功能不同分类，可分为上光蜡和抛光研磨蜡两种。

（2）汽车研磨、抛光及还原用品　汽车研磨、抛光及还原用品主要有研磨剂、抛光剂和还原剂三大类。它们都含有某种摩擦材料，摩擦材料的颗粒大小不同，其在护理作业中的作用就不同。摩擦材料颗粒大的用于粗磨，颗粒小的用于细磨，颗粒微小的用于精磨，以满足不同护理作业的需要。抛光剂如图 1-38 所示。

图 1-38　抛光剂

3. 汽车专业保护系列用品

（1）保护漆

1）铝（钢）轮毂亮丽保护漆。

特性：以人造树脂为基础材料，耐磨损、耐腐蚀，可提供持久的保护。喷涂后不会沾染灰尘（本品为银色）。

使用方法：拆除轮胎、螺母，擦除钢圈的铁锈，在距轮毂表面约 25cm 处进行规则的喷涂。

适用范围：铝合金制品的表面、轮毂。

注意事项：本品为易燃物，作业时注意防火。

2）塑胶漆。

特性：喷涂后，可保历久弥新。

使用方法：使用前用力摇动罐体。清除物体表面的污垢后，在距物体表面约 20cm 处，以交叉方式喷涂。用完后倒置罐体，放出罐内瓦斯，用丙酮清洗喷嘴。

适用范围：塑胶漆适合用于表面的涂装，如它可以用于玻璃钢、钢铁构件及木器的涂装及修补。

注意事项：本品为易燃物，作业时注意防火。

3）排气管保护漆。

特性：高耐热性（可耐温 700℃），高黏着力，不脱落。

使用方法：使用前摇动罐体，彻底洗净排气管的污垢后，在距表面约 25cm 处，以交叉方式喷涂。2min 后，重复喷涂 1 次。

适用范围：汽车排气管。

注意事项：使用完毕后，罐体需倒置放出罐内瓦斯，保持喷嘴干净。

4）发动机漆面保护剂。

特性：特殊透明性保护漆，使用温度范围为 20~800℃。

使用方法：先用发动机清洁剂彻底洗净发动机表面，待表面干燥后均匀地喷涂漆面保护剂，约20min完全干燥后即可。

适用范围：发动机及其配件的表面。

注意事项：不可使用在以桐油为基础的油漆面上。本品为易燃物，作业时要注意防火。

（2）防锈剂

1）底盘隔声防锈剂（图1-39）。

特性：以橡胶为基础材料，具有防腐蚀、隔声的效果。喷涂在垂直方向的表面而不滴流。

使用方法：直接喷涂在汽车底盘表面。如果汽车老旧，需先以钢刷除锈。

适用范围：汽车底盘及前、后挡泥板。

注意事项：不可喷在汽车变速器、燃油箱、转向轴、差速器轴、弹簧通气导管、制动器及任何可转动的部位。本品为易燃物，作业时要注意防火。

2）透明保护防锈树脂。

特性：保护金属制品，使其免于生锈腐蚀，保持原有的外观。

使用方法：使用前摇动罐体，将小塑胶管插入车体的间隙处。喷涂时，不断将罐体往复移动。在喷涂过程中，如果不慎溅到漆面，可用汽油擦净。用完后倒置罐体，放出罐内瓦斯，保持喷嘴干净。

图1-39 底盘隔声防锈剂

适用范围：汽车门槛、前照灯框和车门内部沟槽。

注意事项：在常温下硬化时间需1h。本品为易燃物，作业时要注意防火。

3）干性防锈剂。

特性：可除去腐蚀，可与生锈部分产生氧化，使其不再生锈（耐高温达300℃）。

使用方法：先除去生锈、污垢和油漆后再涂抹。涂抹3层的效果最好。

适用范围：保护已生锈的金属物体不再生锈时使用，尤以车身为佳。

注意事项：本品为易燃物，并含二氯甲烷，避免吸入肺部及触及皮肤和眼睛。

（3）护理剂

1）皮革、塑料上光护理剂。

特性：含有能滋润皮革、塑胶的聚合物，可在皮革、塑料表面形成一层保护膜，有翻新、增光和抗老化的功效。

适用范围：可用于皮革座椅、仪表台、车门内侧和保险杠等部位。

2）真皮保护剂。

特性：使发硬的皮革制品表面变得柔软光滑，延缓皮革老化，提高光亮度，伴有令人愉悦的香味。

使用方法：直接喷洒于皮革表面。

适用范围：所有汽车皮革制品。

3）表盘护理剂。

特性：能及时光亮和润滑通道孔、电器闭合闸等表面，可形成一层有效的保护膜，其柔和的光泽可长久保持。

适用范围：汽车仪表盘、转向盘等。

4）轮胎增黑护理剂（图1-40）。

特性：含有专门的聚合油脂，集清洁、增黑和抗老化护理于一体，能对轮胎表面提供长久的不受天气影响的光亮，恢复轮胎橡胶的自然光泽。

　　适用范围：汽车轮胎及保险杠、风窗密封胶条等表面。

　　5）轮胎上光护理剂。

　　特性：可为轮胎及其他橡胶制品提供防水、防酸碱腐蚀及长久保持光泽的作用。

　　适用范围：汽车轮胎及其他橡胶制品。

（4）添加剂

　　1）电喷发动机添加剂。

　　特性：对燃油箱、喷射系统及燃烧室有清洁效果。使燃油消耗保持最经济的效果，减少产生一氧化碳，防止沉淀物形成、腐蚀和氧化。

　　使用方法：加油前添加，添加比例为1%。

　　适用范围：电喷汽油发动机。

　　注意事项：本品为易燃物，但不含铅、镉、多氯联苯、酒精及其他有害化合物，不会造成污染。

　　2）燃油添加剂（图1-41）。

　　特性：保护及净化燃油系统；清除燃油箱、油管及燃烧室的污垢和积炭，并防止其腐蚀；改善燃烧效果，减少能源消耗，达到最佳功率。

　　使用方法：加油前添加本品，添加比例为1%。

　　适用范围：适用于有铅及无铅汽油。

　　注意事项：本品为易燃物，但不含铅、镉、多氯联苯、酒精及其他有害化合物，无环境污染。

图 1-40　轮胎增黑护理剂

图 1-41　燃油添加剂

　　3）机油添加剂。

　　特性：使发动机机油在发动机高速运转时，仍能紧密地附着在金属的摩擦面上，可减少50%的磨损；使发动机机油在长期使用后，仍能保持良好的物理性，不因水分乳化而产生泡沫；使发动机机油具有更好的性能；减少机油的消耗。本品内不含石墨、二硫化钼、铁氟龙及其他固态润滑剂添加物。

　　使用方法：添加在发动机已升温的机油内，或更换机油时添加本品，也可添加于正在使用的机油内。一罐润滑添加剂可适用6L的发动机机油。

　　适用范围：所有的汽油机、柴油机和废气涡轮增压发动机，适用任何品牌的机油。

　　4）变速器油添加剂。

　　特性：可减小摩擦因数，减少磨损，降低齿轮的噪声；延长齿轮的使用寿命，使齿轮在有突变及怠速加压运转时，仍具有良好的特性；不含石墨、二硫化钼、铁氟龙及其他固态润滑剂添加物。

　　使用方法：加到变速器油中。

　　适用范围：变速器、差速器。

课 后 测 评

一、填空题

1. 汽车内室清洗剂主要有_____、_____、_____、_____、_____。

2. 研磨、抛光及还原用品主要有_____、_____和_____三大类。

3. 抛光盘按材料可分为_____和_____两种。

二、判断题

1. 高压清洗机用于汽车外表的清洗、发动机的清洗、底盘的清洗、车轮等的清洗。（　　）

2. 麂皮在洗车作业中使用广泛，主要用于擦干车表。（　　）

3. 板刷主要用于轮胎、挡泥板等处附着泥土、污垢的清除。（　　）

三、简答题

1. 汽车清洗剂的种类有哪些？

2. 汽车美容所需的设备和工具主要有哪些？

项目二　汽车外部的清洁护理

任务一　车辆清洗

任务目标

1. 了解洗车的作用和时机。
2. 了解汽车清洗剂的作用及除垢原理。
3. 掌握洗车方法，培养素质高、爱岗敬业、专业技术全面的高技能人才。
4. 能够独立按照工艺流程进行汽车清洗操作。

任务描述

　　王女士开着自己的爱车去 4S 店洗车，看到洗车人员在短时间内经过多个工作过程，把车辆清洗得光彩如新，和自己洗车的效果差距那么大。听了洗车人员对洗车过程的讲解才知道专业洗车竟可以做到这么细致，专业洗车才能对车辆进行更好的外部清洗。

　　要完成洗车这项任务，洗车人员应该知道洗车的规范流程及注意事项、清洁剂的选用、洗车设备及工具的使用方法。

知识储备

一、洗车的作用

　　汽车外部清洗是采用专用设备和清洗剂，对汽车车身及其附属部件进行清洁处理。洗车可以对汽车车身及其附属部件进行清洁处理，使汽车清洁亮丽、光彩如新，保持或再现原有风采，且对延长车辆使用寿命也有重要作用。洗车还可以减少外界有害物质对车身的侵蚀。

　　洗车是漆面保养的基本工作。车身表面的污垢种类主要有外部沉积物、附着物、水渍、锈蚀和其他污物等。及时并正确地洗车可以使漆面得到最基本的保护，减少外界有害物质对车身的侵蚀。图 2-1 和图 2-2 所示为汽车车身上的沥青和鸟粪，图 2-3 所示为清洗后的车辆。

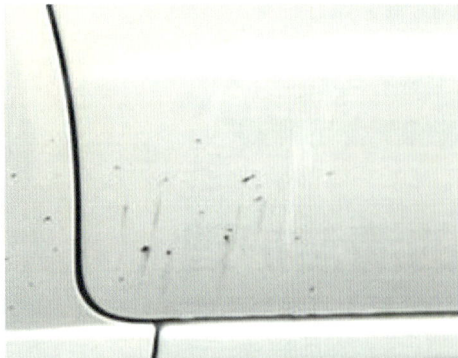

图 2-1　汽车车身上的沥青

图 2-2　汽车车身上的鸟粪

二、洗车的时机

1. 依据天气情况而定

车主可根据每天的气象服务栏目中的洗车指数预报来决定是否洗车。一般可根据以下 3 种天气情况来确定洗车的时机。

（1）连续晴天时　如果一直是这种天气，全车清洗工作的周期大约为一周。清洗时，可以用鸡毛掸子清除车身上的灰尘，再用湿毛巾或湿布擦拭前、后风窗玻璃及车窗与两旁的后视镜，如图 2-4 所示。

图 2-3　清洗后的车辆

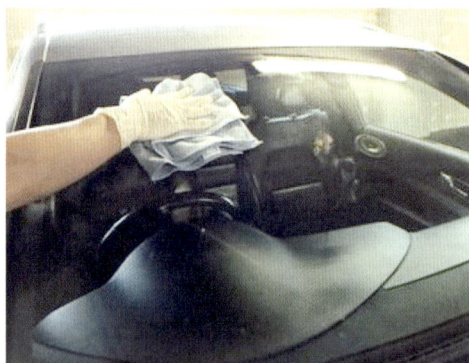

图 2-4　用湿毛巾擦拭前风窗玻璃

（2）连续雨天时　只需要用清水进行全车喷洒，冲洗污物，再用湿布或湿毛巾擦拭全车所有的玻璃。当天气放晴后，需要进行全车清洗。

（3）忽晴忽雨时　需要经常清洗车身，以保持车身清洁并且避免车表水滴的凸透镜效应对车漆造成损害。

2. 依据行驶的路况而定

（1）行驶在山区　当有露水和有雾区时，只需要在停车时使用湿毛巾或湿布擦拭车身就可以。

（2）行驶在海岸　当有露水和有雾区时，因为海水盐分重，并且环境湿气重，所以需要用清水对车辆进行彻底清洗，以免车身受盐分侵蚀。

（3）行驶在工地或行经工地　车身被溅上污泥或是被道路沥青等附着时，应该立即使用大量清水进行清洗，以免其附着时间较长而伤及车辆漆面。

三、汽车清洗剂

由于汽车污垢具有多样性，为"对症下药"，有针对性地清除污垢，清洗剂的产品也多种多样，使用时应根据清洗剂的种类、特性及功能等因素合理选择。

（1）汽车污垢的种类

1）水溶性污垢。主要包括泥土、砂粒和灰尘等，如图2-5所示。

2）水不溶性污垢。主要包括碳烟、矿物油、油脂、胶质物、铁锈和废气凝结物等，如图2-6所示。

图2-5　汽车车身上的灰尘

图2-6　汽车漆面上的胶质物

水溶性污垢溶于水，因而用水就可以轻易将其冲掉。水不溶性污垢不溶于水，一般应用清洗剂进行清洗。

（2）清洗剂的除垢机理　清洗剂除垢包括湿润、吸附、增溶、悬浮与去污5个过程。

1）湿润。当清洗剂与汽车表面的污点接触后，被清洗物的表面很容易被清洗剂湿润，而且清洗剂能够深入到污垢聚集体的细小空隙中，使污垢与被清洗表面的结合力减弱、松动。

2）吸附。清洗剂具有对污垢质点的静电吸附能力，并可以防止污垢再沉积。

3）增溶。使污垢溶解在清洗剂溶液中。

4）悬浮。清洗剂中含有表面活性物质，在清洗过程中，清洗剂能使固体污垢形成悬浮液，使液体污垢形成乳浊液，便于将其从附着表面上冲洗掉。

5）去污。通过高压水枪射流冲击力将污垢冲掉。

例如在洗车的过程中，一般先用冷水或温水将汽车表面的水溶性污垢冲洗掉，然后用清洗剂溶液清洗污垢，最后用冷水或温水冲洗，使污垢的悬浮液或乳浊液脱离汽车表面。

四、车身的清洗方法

目前汽车车身清洗大致有洗车液洗车、免划痕洗车、洗衣粉洗车、水蜡洗车、洗洁精洗车等方法。

1. 洗车液洗车

洗车液的主要清洗成分是天然植物提取的表面活性剂，一般还添加有天然车蜡，天然地去除车体静电成分。洗车液一般都是中性的，不会伤手、伤漆面。由于添加有天然车蜡成分，可以赋予车身整洁光亮的形象，赋予漆面一定的弹性，普通小沙粒一般就不能划伤漆面。洗车液洗车如图2-7所示。

2. 免划痕洗车

免划痕洗车液完全采用了洗面奶的成分，还含有丰富的水蜡、专门的去除静电成分。需要特别指出的是，它使用了泥沙悬浮剂，泥沙不需要借助外力即可自然脱落，真正实现免划痕洗车，如图2-8所示。

图2-7　洗车液洗车

3. 洗衣粉洗车

洗衣粉具有比较强的碱性，一般含有大量的无机盐，这些无机盐不能很好地溶解于水，在液体中呈颗粒存在，会在清洗过程中伤害漆面，形成细小的划痕。洗衣粉中的清洗成分一般为磺酸，磺酸长期作用于漆面，容易导致漆面发白、失去原来的光泽。

4. 水蜡洗车

水蜡洗车相对普通洗车液洗车来说，更注重对漆面的护理。因为在水蜡洗车过程中增加了蜡的数量和种类，使车身车体显得更亮丽和具有光泽。水蜡洗车所用的天然蜡有巴西棕榈蜡、蜂蜡和荷荷芭蜡等，有些水蜡还包含具有抗紫外线的天然植物蜡。水蜡所用的表面活性剂为普通洗面奶的成分，一般不会伤害车漆。图2-9所示为洗车水蜡。

图 2-8　免划痕洗车　　　　　　　　　图 2-9　洗车水蜡

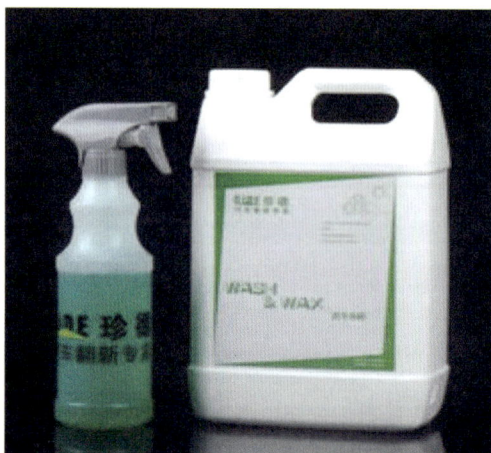

⚙ 任务实施

1. 工作准备

1）将实训车辆平稳停放在实训区域。

2）检查实训室的通风及防火系统设备工作是否正常。

注意：

泡沫机内有残留气压时应缓慢打开，防止泄压而产生的气流噪声过大。

3）检查实训车车身，记录车身表面损伤，仔细检查车门、车窗等部位是否严密。

4）准备好实训相关的清洗设备和清洗材料，包括洗车机、泡沫机、汽车清洗液、储水器、水桶和毛巾等。

2. 泡沫机液体的兑制与设备连接

提示：

目标水位可以根据需要的量而定。

第一步：拧开加注口阀门，如图2-10所示。

第二步：向泡沫机加注口加注目标水位50%的自来水，如图2-11所示。

第三步：向泡沫机加注口加注一定比例的泡沫洗车液，如图2-12所示。

图 2-10　拧开加注口阀门　　　　图 2-11　加注水　　　　图 2-12　加注泡沫洗车液

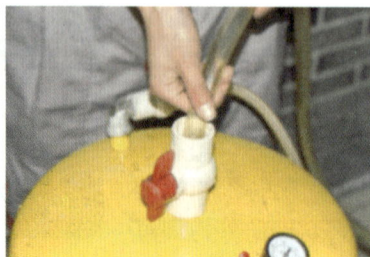

第四步：向泡沫机加注口加注目标液位剩余 50% 的自来水，如图 2-13 所示，并关闭加注口阀门。使洗车液夹在上、下层水之间，这样可使喷出来的泡沫从开始到结束都丰富稳定。

第五步：连接泡沫机的气压管路，如图 2-14 所示。

第六步：打开阀门，用气压调节旋钮调节泡沫机中的气压，使气压控制在 0.2~0.4MPa 范围内，如图 2-15 所示。

提示：
本产品与水稀释比为 1：100~180。具体根据洗车液的说明进行配比。

图 2-13　加注剩余 50% 的自来水　　　图 2-14　连接气压管路　　　图 2-15　调节气压

3. 起动高压洗车机

第一步：将洗车机吸水管放入储水器底部，如图 2-16 所示，防止吸水过程中，吸水管露出水面而吸入空气。

第二步：接上电源，按下洗车机黑色 ON 起动按钮，如图 2-17 所示，待洗车机平稳运转。

4. 冲洗车身（冲洗灰尘、泥沙等污物）

用高压水冲去车身表面的污物，主要包括灰尘和泥沙。冲洗部位的顺序一般为车顶→前风窗玻璃→发动机舱盖→车身前侧面→前轮挡泥板凹缘及减振器→前轮胎及轮辐→车身后侧面→后轮挡泥板凹缘及减振器→后轮胎及轮辐→后风窗玻璃→行李舱盖→后保险杠→前保险杠→车身的另一侧。冲洗过程中应始终按一个方向从上方向斜下方冲洗，不要正向或反向来回冲洗，以免泥沙回到已冲洗好的地方。车身下部、底部、车门框下部、前后保险杠与车身连接处等部位容易藏污纳垢，要重点清洗。冲洗完成后，应确保无砂粒和泥土。图 2-18 所示为冲洗车辆。

提示：
操作过程中应时刻注意储水器的水位，不足时应补水。

提示：
红色 OFF 为洗车机电源关闭按钮，在冲洗完成后应及时关闭，以免机器长时间空转。

图 2-16　将洗车机吸水管放入储水器底部　　　图 2-17　按下洗车机黑色 ON 起动按钮　　　图 2-18　冲洗车辆

5. 喷泡沫洗车液

第一步：开启泡沫机控制开关，如图 2-19 和图 2-20 所示。

第二步：向全车均匀喷洒泡沫洗车液，如图 2-21 所示。待每个位置都有泡沫覆盖后，关闭泡沫机控制开关。喷洒后等待一会儿，使泡沫与污垢融合，便于清洁。

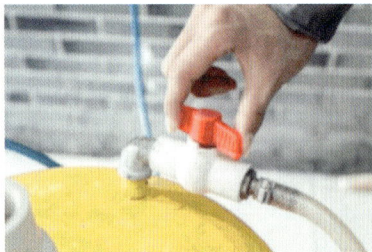

图2-19 开启泡沫机控制开关（一）　图2-20 开启泡沫机控制开关（二）　图2-21 喷洒泡沫洗车液

注意：

车身有冲洗不掉的附着物时，不可用力猛擦，以免损坏漆面。对于焦油、沥青等顽固污渍，应在将车身擦干后使用专用清洁剂清洗。擦洗过程中，要多清洗海绵，防止砂粒擦伤车漆。

注意：

用洗车液洗车后，一定要冲洗干净，否则残留的洗车液将会在车身上形成污点；灰尘等附着物与水结合酸化之后容易腐蚀漆面。因此，车身与边框的间隙及各个结合处，后视镜与车门的连接缝隙等都要仔细冲洗。

6. 擦洗

手持擦车海绵，按照从上到下的顺序擦洗全车车身，如图2-22所示。注意全车每个角落都要认真进行擦洗，包括全车漆面、玻璃及装饰件。

7. 冲洗洗车泡沫

擦洗完毕后，用高压水冲去车身表面的泡沫和污物，如图2-23所示，冲洗顺序与第一次冲车一样。

8. 干燥处理

两人站在车身两旁，用一块大毛巾从车前部向车后部沿车身拖动（图2-24），吸干车身上的一部分水分；将大毛巾翻面后，反向操作一次。然后，用小毛巾将整个车身从前至后从上到下擦一遍（图2-25），擦拭之后应无水痕且十分干净。

图2-22 擦洗车辆　　　　　图2-23 冲洗洗车泡沫　　　　图2-24 干燥处理（一）

9. 检查验车

验车时，应特别注意洗车工序中容易遗漏的部位，如发动机舱盖边缘、车身边缘内侧、车门把手内侧、行李舱边缘内侧和后视镜等部位，出现遗漏时应进行补擦。对局部有焦油和沥青等顽固污渍的部位用专用清洗剂进行喷洗，待沥青等污渍溶解后用擦车巾擦干即可。检查验车如图2-26和图2-27所示。

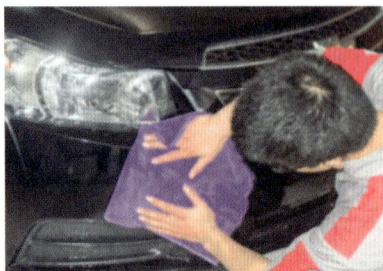

图2-25 干燥处理（二）　　　图2-26 检查验车（一）　　　图2-27 检查验车（二）

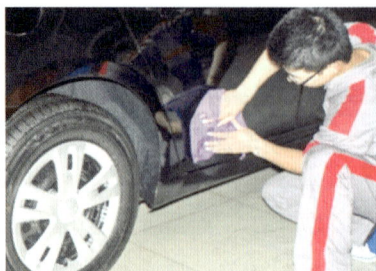

考核评价

车辆清洗考核标准

考核时间：40min　考核总分：100分

考 核 项 目	评 分 标 准	得　　分
一、工作准备（5分）		
1. 检查实训室通风、防火系统设备	未检查实训室通风扣1分，未检查防火系统设备扣1分	
2. 检查并记录车身损伤，检查车门车窗	未检查并记录车身损伤扣1分，未检查车门车窗扣1分	
3. 场地、材料及教具准备	场地及教具准备不正确，每项扣1分	
二、泡沫机液体的兑制及连接（5分）		
1. 兑制泡沫液	泡沫液兑制方法不对扣2分	
2. 连接泡沫机	泡沫机气压调节不对扣1分，不会调节扣2分	
三、起动高压洗车机（5分）		
起动高压洗车机	不会操作高压洗车机扣5分	
四、冲洗车身（15分）		
冲洗车身	不按顺序操作扣3分，冲洗不到位，每处扣1分，冲洗角度不对扣2分	
五、喷泡沫洗车液（10分）		
对车身各部位喷泡沫洗车液	喷洒不均匀扣2分，喷洒不到位，每处扣1分	
六、擦洗（15分）		
对车身各部位进行擦洗	不按顺序操作扣3分，擦洗不到位，每处扣1分，擦拭使漆面损伤扣10分	
七、冲洗洗车泡沫（15分）		
冲洗洗车泡沫	不按顺序操作扣3分，冲洗不到位，每处扣1分，冲洗角度控制不对扣2分	
八、干燥处理（15分）		
用毛巾擦拭车身水分	不按顺序操作扣3分，擦洗不到位，每处扣1分，擦拭使漆面损伤扣10分	
九、检查验车（15分）		
1. 全车检查	有清洗遗漏的，每处扣1分，沥青、鸟粪等清洗不到位扣2分	
2. 整理、清洁所有工具、设备和用品	未做扣5分	
合计		

任务二 汽车抛光、打蜡

任务目标

1. 能够根据车况正确选择车蜡。
2. 掌握打蜡施工流程和注意事项。
3. 掌握抛光机操作步骤和注意事项。
4. 能够在教师指导下独立进行打蜡、抛光工作。

任务描述

汽车打蜡的主要作用是防雨、防酸雨。为更好地保护汽车漆面，对车辆进行漆面养护，维修人员应该知道并掌握车蜡的选择方法及标准的打蜡、抛光流程。

知识储备

一、汽车抛光

1. 汽车抛光的概念

汽车抛光是通过研磨蜡及抛光机去除车漆表面划痕及粗糙不平部位的一种方法，如图2-28所示。抛光可将漆面老化的漆膜研磨掉，使新的漆膜产生，恢复漆面亮丽，如图2-29所示。抛光之后打蜡或封釉能取得更理想的效果。

图2-28　汽车抛光

图2-29　对漆面进行抛光

2. 抛光的作用

汽车抛光的作用如下：

1）修复汽车漆面轻微损伤及各种斑迹，进而达到光亮无瑕的漆面效果。

2）去除车漆表面的氧化层。

3）去除金属漆面的龟裂。

4）改善旧车的褪色现象。

5）去除水滴蒸发后的痕迹。

6）去除腐蚀过的痕迹。

7）去除砂纸打磨喷漆后的脏点。

8）去除车身上的浅划痕。

3. 判断车身漆面是否需要进行抛光处理

可以按照以下方法进行判断：

（1）观察法　从车身的不同角度观察车身漆面的亮度，通过眼睛感觉光线的柔和度、反射景物的清晰度等来判断。如果景物暗淡、轮廓模糊，则需要进行抛光处理。

（2）触摸法　在手上套上一层塑料薄膜纸后触摸漆面，如图2-30所示，如果感到发涩或有凹凸不平的感觉，就必须进行抛光处理。

4. 抛光盘

抛光盘按材料分类可分为羊毛抛光盘和海绵抛光盘两种。

羊毛抛光盘具有研磨能力强、功效大的特点，研磨后会留下旋纹；一般用于普通漆的研磨和抛光，用于透明漆时要求操作技术非常熟练，否则极易露底。

羊毛抛光盘一般分为白色和黄色两种，抛光盘底部有自粘贴可实现抛光盘的快速更换。

海绵抛光盘切削力较羊毛抛光盘弱，不会像

图 2-30　触摸漆面

羊毛抛光盘那样留下旋纹，能有效去除中度漆面的瑕疵，底背有自粘贴，可快速转换抛光轮；可用于车身普通漆和透明漆的研磨和抛光，一般用于羊毛抛光盘之后的抛光、打蜡。建议抛光机转速在1500~2500r/min范围内，不要超过3000r/min。

5. 抛光的工艺要求

1）将抛光机换上海绵抛光盘，以2500~3500r/min的转速进行抛光。

2）抛光时，抛光盘应该以其全接触面和车身相接触，而无任何角度（在边角和缝隙处除外）。

3）在小的缝隙处无法抛光的地方用无纺巾进行手工抛光处理。

4）抛光完全的车应无假光、散光等缺陷。

打蜡的关键是均匀性和全面性，而抛光的关键是抛光的温度和转速。当温度足够时，车身表面的蜡才能够半溶解，车蜡才能和车身表面有一个很强的附着力。

二、汽车打蜡

1. 汽车打蜡的概念

打蜡是在车漆表面涂上一层蜡质保护层，并将蜡抛出光泽的护理作业。汽车打蜡是车漆保护的基本手段，打蜡可以在车漆表面形成一层保护膜，有效隔离外部环境对车漆的不良影响。同时，车蜡可增加车漆光泽，改善整车外观效果。汽车打蜡抛光方法分为纯人工打蜡抛光和机械打蜡抛光（图2-31）。

图 2-31 机械打蜡抛光

2. 车蜡的选用

（1）车蜡的品牌 目前我国汽车美容行业中使用的中高档车蜡，绝大部分为进口蜡，有进口蜡垄断之势，低档蜡在我国国产蜡市场中占有较大的份额。常见的进口车蜡多来自美国、英国、日本和荷兰等，如美国的龟博士系列车蜡、普乐系列车蜡和英国的特使系列车蜡等。国产车蜡最常用的有即时抛等。

常见车蜡的品牌还有以下几种：

1）3M 车蜡：3M 公司创建于 1902 年，总部设在美国明尼苏达州的圣保罗市，是世界著名的产品多元化跨国企业。3M 车蜡如图 2-32 所示。

2）中牌车蜡：中牌汽车光亮剂 / 汽车蜡是由北京世纪中胶科技发展有限公司重点打造的新一代汽车亮光剂，可修复车漆和微划痕等漆面问题。

3）米其林车蜡：由米其林公司生产，如图 2-33 所示。

图 2-32 3M 车蜡

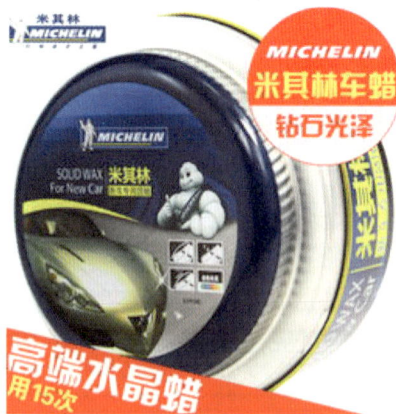

图 2-33 米其林车蜡

4）彩虹车蜡：彩虹集团是我国的企业，拥有 QCARE、车小亮、晶琅、可立美、家缘、RAINBOW、蓝桥、康博士等多个专业品牌。

（2）车蜡的选择原则 正确地选择车蜡是打蜡作业成功的关键。由于各种车蜡的性质不同，其作用效果也不一样，因此在选用时必须谨慎。若选择不当，不但达不到保护车漆的目的，反而会导致车身漆面变色。

车蜡的选择原则如下：

1）沿海地区选用防盐雾功能较强的车蜡。

2）化学工业区选用防酸雨功能较强的车蜡。

3）光照强烈的地区选用防紫外线、抗高温性能优良的车蜡。

4）多雨地区选用防水性能优良的车蜡。

5）新车或喷漆的车辆选用上光蜡，以保持车身的光泽和颜色。

6）旧车或漆面有漫射光痕的车辆选用研磨蜡，对其进行抛光处理后用上光蜡上光。

7）经常行驶在泥泞、尘土和砾石等恶劣道路环境中的汽车，应选用保护功能较强的硅酮树脂蜡。

8）深色车漆的车选用黑色、红色和绿色系列的车蜡，浅色车漆的车选用银色、白色和珍珠色系列的车蜡。

任务实施

流程：洗车→验车→用洗车泥去除铁粉与杂质→遮盖→研磨→抛光→还原→清洁→检验→交车。

1. 工作准备

准备好汽车清洗设备和工具、抛光机、羊毛抛光盘、海绵抛光盘、超细纤维布、遮蔽膜、遮蔽胶带、报纸、砂纸、抛光粗蜡、镜面蜡、手套、防护帽、防护镜、防护口罩、盛满清水的桶、抹布、毛巾。

2. 洗车

（1）应使用中性洗车液　使用柔软质地的海绵或毛巾擦洗，注意及时清理，严禁有砂粒藏留在海绵里，用较柔软的毛巾或精细麂皮擦干，最后用吹风枪将细小缝隙里残留的水分吹干。

（2）用洗车泥去除铁粉与杂质　汽车经彻底吹干后，用专用的洗车泥去除车漆毛细孔上附着的铁粉、沙粒、胶质、飞漆和化学尘埃。

3. 局部遮盖

进入无尘施工车间后，用遮蔽胶带将车标、装饰条、门把手、后视镜和玻璃胶条逐一封好，防止以上部件在施工过程中损伤，同时省去施工后清洁的工序，如图 2-34 所示。

4. 研磨

研磨就是使用研磨剂来解决漆面氧化层、条纹、污染和褪色等影响漆面外观的深层问题，如图 2-35 所示。

图 2-34　局部遮盖

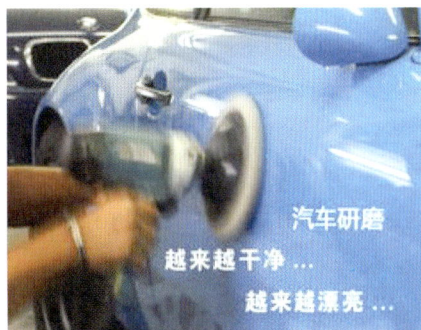

图 2-35　研磨

5. 抛光

抛光是研磨之后的一道工序，和研磨的作用不同。研磨是把漆面打平，除去条纹、氧化层等深层污染；抛光是研磨后进一步平整漆面，除去研磨残余条纹的工序。抛光剂中的滋润成分可深入漆面，使漆面展现柔和的自身光泽。抛光剂也可以单独使用，用以去除轻微氧化和污垢。

6. 还原

由于在研磨和抛光过程中研磨剂使用过多、抛光时抛光盘行走的轨迹不一、漆面较软、抛光不彻底等原因而出现的漆面旋光现象，在进行下步流程之前，必须进行处理。作业时，用抛光机配合波浪海绵加还原剂提光还原，用手点控抛光机的转速为1500~2000r/min。

7. 清洁（遮盖的去除）

清洁标准顺序：玻璃清洁→漆面清洁→边缝清洁→轮毂、轮胎清洁→其他部位的清洁。

清洗轮毂如图2-36所示。

其他部位的清洁包括各种灯、不锈钢的饰条、字标、塑料件和橡胶件的清洁。

8. 完工检查

1）检查漆面是否光亮均匀，如有残余蜡点、手印、没抛光的划痕或外界的尘末、水滴留在漆面上，应立即手工去除。检查抛光效果图如图2-37所示。

2）整理、清洁所有清洁护理工具、用品和设备。按照5S要求清洁使用过的工具、用品和设备，并按规定摆放。

3）处理废弃物。

图 2-36　清洗轮毂

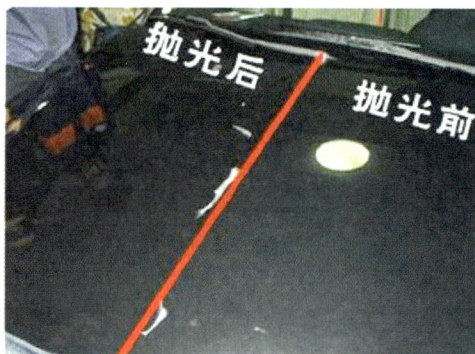

图 2-37　检查抛光效果图

考核评价

汽车抛光考核标准

考核时间：120min　考核总分：100分

考核项目	评分标准	得　分
一、工作准备（5分）		
1. 穿着工作服、安全鞋	未穿着工作服扣1分，未穿着安全鞋扣1分	
2. 准备并清点实训用品及工具	工具准备不正确，每项扣1分；未做，扣1分	
3. 场地及教具准备	场地及教具准备不正确，每项扣1分	
二、洗车（15分）		
1. 清洗车辆	未按要求清洗车辆，特别是重点部位，少1项或者清洗不彻底扣2分	
2. 擦干	未用毛巾擦拭或未吹干扣2分	
3. 用洗车泥去除铁粉与杂质	未全部去除铁粉与杂质或去除不彻底扣3分	

（续）

考 核 项 目	评 分 标 准	得　　分
三、局部遮盖（10分）		
1. 找出需要遮盖的部位	未全部找出遮盖部位扣5分	
2. 对需要遮盖的部位进行遮盖	遮盖不正确扣5分	
四、研磨（10分）		
1. 安装打磨工具	不能正确安装打磨工具扣5分	
2. 打磨操作	打磨操作方法不正确扣5分	
五、抛光（30分）		
1. 按照顺序抛光	未按照顺序进行抛光扣15分	
2. 抛光的检查	不会正确检查抛光情况扣15分	
六、还原（10分）		
1. 还原操作	还原操作方法不正确扣5分	
2. 擦去多余上光蜡	未将多余上光蜡擦拭干净扣5分	
七、清洁（10分）		
1. 按照顺序清洁	未按标准顺序进行清洁扣5分	
2. 清洁检查	检查不到位扣5分	
八、完工检查（10分）		
1. 检查遮盖物去掉情况	遮盖物未去掉或者未全部去掉扣2分	
2. 检查抛光亮度情况	未能够正确检查抛光亮度情况扣3分	
3. 整理、清洁所有工具、设备和用品	未做扣5分	
合计		

任务三　封釉护理

任务目标

1. 了解车漆封釉的概念与作用。
2. 了解车漆封釉用品。
3. 能够独立按照工艺流程进行车漆封釉的施工。

任务描述

　　车主爱惜自己的爱车，除了对车辆进行抛光、打蜡和镀膜等以外，还可以对车辆进行封釉处理。新车封釉可以留住车漆的艳丽，使光彩长驻；旧车封釉，可以使氧化褪色的车漆还原增艳，颇有翻新的效果。

要完成车漆封釉这项任务，作业人员应该知道车漆封釉的规范流程及注意事项、不同车漆釉的选用、封釉设备及工具的使用方法。

⚙ 知识储备

一、车漆封釉的概念、作用与特点

1. 车漆封釉的概念

所谓车漆封釉就是通过专用的封釉振抛机将高分子釉高速振动和摩擦，利用釉特有的渗透性和黏附性把釉分子强力渗透到汽车表面、油漆的缝隙中，形成一层牢固的网状保护膜，提高漆面硬度与光泽度，减少外界环境的侵蚀，从而达到保护车漆的目的。

2. 车漆封釉的作用

车漆封釉后有不易黏附污垢的特性，使得漆面即使在恶劣、重污染的环境中也能长久保持洁净，有效地抵御温度对车漆造成的影响，漆面的硬度也得到大幅的提高，具有防酸防碱、防褪色、抗氧化和防静电等功能。

3. 车漆封釉的特点

（1）釉剂不溶于水 车漆封釉后不用担心被水溶解的现象发生，可长期保护汽车漆面。

（2）不损坏原有漆面 釉剂采用一种类似纳米的技术，使流动的釉剂在汽车漆面表层附着并以透明状硬化，如一层透明坚硬的"保护衣"，起到保护汽车漆面的作用。

（3）保护时间长 车漆封釉之后，可以保护车漆1年左右，同时避免了经常洗车，汽车表面的灰尘可以轻松擦去。

（4）独有的漆面保护性和还原性 釉剂具有独有的漆面保护性和还原性，达到从根部护理、有效去除污垢、渗透填塞漆孔的功能。

二、常用釉类产品品牌

1. 美鹰

美鹰晶亮釉（图2-38）具有耐酸、抗高温、抗氧化、抗划痕和抗紫外线等特点，使用后可使汽车漆面呈现高光泽度、晶亮持久和安全环保。

2. 龟牌

驰名世界的Turtle Wax——龟牌蜡系列是龟博士极限护理所采用的经典产品，畅销世界60余年，纯天然（巴西棕榈）成分和独特的专利技术是其高品质的奥秘所在。

3. 盾膜

盾膜是利用高科技的电解质溅射喷涂法，在由含有稀有金属钴的PET（聚乙烯对苯二酸酯）材质提炼而成的复合聚酯纤维中加入金属原子层后叠加而成的，具备高强度的粘连力、抗张力、高伸张度、强抗酸碱性，在高温下也能保持其物理性质的良好状况。

4. 速豹硅釉

速豹硅釉（图2-39）是针对以往封釉产品的缺陷进行了改进的产品，率先采用变性硅为核心材料，不添加任何石油成分，是在全球首次实现"对车漆无任何副作用"的封釉产品。

三、漆面封釉设备与工具

封釉施工所需的设备和工具主要有封釉振抛机、遮蔽胶带和红外线烤灯等，如图2-40所示。
封釉振抛机是封釉的专用电动（图2-41）或气动（图2-42）工具。

图2-38　美鹰晶亮釉

图2-39　速豹硅釉

图2-40　封釉振抛机、遮蔽胶带、红外线烤灯

图2-41　电动封釉振抛机

图2-42　气动封釉振抛机

封釉振抛机的使用与抛光机相似。封釉振抛机一般采用吸盘式封釉波纹海绵轮与封釉振抛机的托盘相连。

四、汽车车漆封釉的注意事项

1）封釉后8h内不要用水冲洗汽车。

2）做完封釉美容后可尽量避免洗车，因为产品可防静电，因此一般灰尘用干净柔软的布条擦去即可。

3）做了封釉美容后不要再次打蜡，因为蜡层可能会黏附在釉层表面，再追加上釉时会因蜡层的隔离而影响封釉效果。

4）由于釉的不同，加上路况和环境的影响，一般 2~6 个月封一次釉效果最好。

5）不应在阳光直射下封釉。

6）釉品不应储放于 0℃以下的地方。

7）釉品含石油蒸馏物，严禁入口，若溅入眼内，应立即用清水冲洗 15min，远离儿童。

8）严禁使用羊毛轮进行镜面釉处理。

任务实施

1. 工作准备

准备好 2000# 水砂纸、汽车清洗工具、吹风枪、封釉振抛机、红外线烤灯、海绵、抹布、毛巾、遮盖胶带、清洗剂、遮盖纸、釉、砂纸、手套、防护口罩。

2. 清洗车身

用清水将车身漆面冲洗干净。应使用中性洗车液，使用柔软质地的海绵或毛巾擦洗，注意及时清理，严禁有砂粒藏留在海绵里，用较柔软的毛巾或精细鹿皮擦干，最后用吹风枪将细小缝隙里残留的水分吹干。

3. 砂光、抛光、除蜡

（1）砂光　用砂纸对车身漆面缺陷进行砂光处理。

（2）抛光　用研磨 / 抛光机配合抛光剂对漆面进行抛光。

（3）除蜡　用除蜡水除蜡，清除漆面蜡层，然后用专业洗车液洗净车上残液与残蜡（图 2-43）并擦干，车身缝隙中的水要用吹风枪吹干。

4. 遮盖

用遮盖胶带把车身上所有橡胶、塑料部件以及车标、字母等都粘贴起来。

5. 封釉

（1）第一遍封釉　将产品充分摇动均匀，直接将产品倒在车身上，常温工作，不要在阳光直射下工作，车身（发动机舱盖）降温后工作最佳。用干净的软布，轻快而有力地"划圈"，直到镜靓釉消失并出现光泽。手的压力越大，去污渍力越强，油漆面氧化层清洁得越彻底，漆面就越有光泽，附着力越强。这一步可选择封釉机上釉，效果最佳。

（2）第二遍封釉　重复第一遍，待 10~20min 干燥后，将其擦掉，镜靓釉效果立即呈现。

6. 烘烤

用烤灯烘烤封釉漆面。封釉完毕将红外线烤灯打开，烘烤封完釉的漆面，使釉分子受热，更好地吸附渗透，如图 2-44 所示。

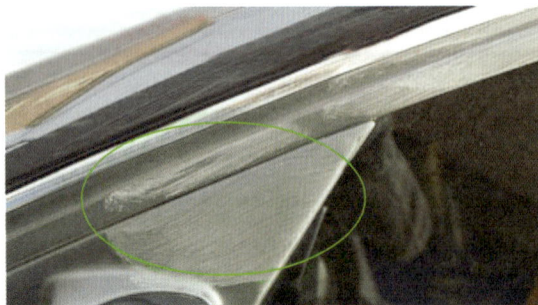

图 2-43　后视镜塑料件上的残蜡

图 2-44　烘烤灯烘烤封釉漆面

7. 完工检查

1）施工完毕，取下车身上的遮盖胶带、遮盖纸等。

2）整理、清洁所有清洁护理工具、用品和设备。按照 5S 要求，清洁使用过的工具、用品和设备并按规定摆放。

3）处理废弃物。

考核评价

封釉护理考核标准

考核时间：120min　考核总分：100 分

考 核 项 目	评 分 标 准	得　分
一、工作准备（5分）		
1. 穿着工作服、安全鞋	未穿着工作服扣1分，未穿着安全鞋扣1分	
2. 准备并清点实训用品及工具	工具准备不正确，每项扣1分；未做，扣1分	
3. 场地及教具准备	场地及教具准备不正确，每项扣1分	
二、清洗车身（20分）		
清洗车辆	未按要求清洗车辆，特别是重点部位，少1项或者清洗不彻底扣2分	
三、砂光、抛光、除蜡（15分）		
1. 砂光	砂光方法不对扣5分	
2. 抛光	抛光顺序或方法不对扣3分	
3. 除蜡	除蜡不干净，每处扣2分	
四、局部遮盖（10分）		
1. 找出需要遮盖的部位	未全部找出遮盖部位扣5分	
2. 对需要遮盖的部位进行遮盖	遮盖不正确扣5分	
五、封釉（30分）		
1. 一次封釉	封釉顺序不正确扣5分，封釉方法不正确扣5分，第一次封釉后干燥时间不正确扣5分	
2. 二次封釉	封釉顺序不正确扣5分，封釉方法不正确扣5分，第二次封釉后干燥时间不正确扣5分	
六、烘烤（10分）		
1. 烘烤	对于烘烤时间的掌握情况不正确扣5分	
2. 烘烤情况的检查	不会正确检查烘烤情况扣5分	
七、完工检查（10分）		
1. 检查遮盖物去掉情况	遮盖物未去掉或者未全部去掉扣5分	
2. 整理、清洁所有工具、设备和用品	未做扣5分	
合计		

任务四　漆面划痕的处理

任务目标

1. 了解漆面划痕的种类。

2. 了解漆面划痕处理中需要注意的问题。

3. 掌握漆面划痕的处理方法。

4. 能够在教师的指导下，根据操作规范完成漆面划痕处理。

任务描述

一辆开了不足一年的车停放在小区停车位上，后保险杠被刮伤，露出了底漆，车主很是心疼，平时很爱惜自己的车辆，定期给汽车做美容和保养，无奈只好去4S店处理车辆划痕。

完成车身划痕处理这项任务，作业人员应该掌握车身划痕处理的规范流程及注意事项、不同划痕所需的不同处理方法、划痕处理设备及工具的使用方法。

知识储备

一、车身漆面发生划痕的原因

1. 意外刮擦

汽车在使用过程中，由于摩擦、碰撞等会造成漆面出现深浅不一的划痕，如汽车在行驶中与其他汽车产生刮擦，与路边树枝产生刮擦，以及暴风、沙尘天气时与大气中的尘土、砂石等产生刮擦都会造成漆面划痕。

2. 擦洗不当

不规范洗车会对漆面造成伤害，如冲洗车辆时水枪压力过大，清洗程序或手法不正确，清洗剂、水或擦洗工具（海绵、毛巾等）中有硬质颗粒，都会使漆面产生划痕。

3. 护理方法不当

汽车由于各种事故等需要漆面修补喷漆，但修理厂由于错误操作或材料选用不当，使漆面产生许多缺陷（橘皮、失光、雾漆）。

二、车身漆面划痕的分类

1. 浅划痕

浅划痕指表层面漆轻微刮伤，划痕穿过清漆层已伤及色漆层，但色漆层未刮透。洗车、擦车或轻微摩擦而产生的细划痕，有些是用手感觉不出来的，伤及表层的清漆透明层，对面漆的危害不大，车身浅划痕如图2-45所示。

2. 中度划痕

中度划痕指穿过清漆层和色漆层，但未伤及底漆层。这种划痕一般是被利器划伤的，如图2-46所示。

3. 深度划痕

深度划痕是指涂层严重损坏、底漆层已刮透，可以看到车身的金属表面，如图2-47所示。深度划痕包括汽车因碰撞、刮擦等原因造成的车身局部损坏、板面变形和破裂等创伤，这种划痕只能通过重新喷漆来解决。

三、车身漆面划痕的处理方法

1. 漆面浅划痕修复的基本方法

（1）漆笔修复法 用相近颜色的漆笔涂抹划伤处，即为漆笔修复法。

图 2-45　车身浅划痕　　　　图 2-46　车身中度划痕　　　　图 2-47　车身深度划痕

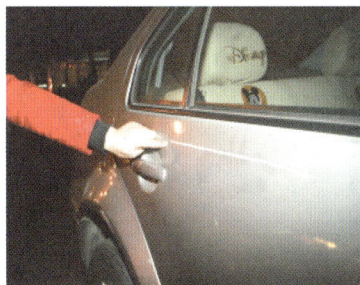

（2）计算机调漆喷涂法　结合计算机调漆并采用新工艺方法的划痕修补技术，是一种快速的修复技术，但要求颜色调配准确，修补的面积尽可能缩小，经过特殊溶剂（驳口水）处理后，能使新旧面漆更好地融合，达到最佳附着效果。

（3）抛光法　对于一般极浅的浅划痕，可用抛光机来进行抛光，相对深一点的，可以用 2000# 砂纸进行打磨后再抛光，这样就可恢复其原有的漆膜了。

2. 对汽车车身浅划痕进行漆面处理

可以用研磨、抛光来局部处理。浅划痕的处理要根据漆面的状况及划痕的深浅来选择合适的研磨剂。研磨剂通常有 3 种，即深切研磨剂、中切研磨剂、微切研磨剂。对浅划痕一般采用后两者即可。对一般用手感觉不出凹处的发丝划痕，可以直接进行抛光处理。注意抛光完成后必须进行还原处理和上蜡或封釉护理。

（1）设备、工具及用品　高压清洗机、研磨机、羊毛研磨盘、海绵抛光盘、深切研磨剂、中切研磨剂、微切研磨剂、抛光蜡。

（2）工艺流程　清洗——→打磨——→还原——→上蜡——→质检。

3. 对汽车车身中度划痕进行漆面处理

（1）设备、工具及用品　打磨工具，清洗设备，烘干设备，遮盖纸及用品，喷涂设备，系列砂纸，气枪，抹布，棉布，呢绒，海绵，喷涂用中涂层漆、面漆，清漆，抛光剂，上光蜡，毛巾。

（2）工艺流程　打磨——→清洗、干燥——→中涂层涂装——→漆面涂装——→罩光漆涂装——→抛光上蜡。

1）打磨如图 2-48 所示。

2）清洗、干燥表面如图 2-49 所示。

3）中涂层涂装如图 2-50 所示。

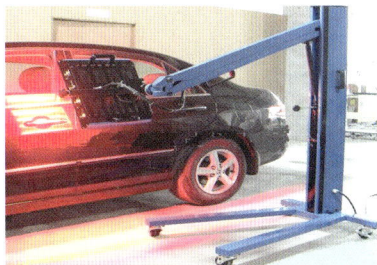

图 2-48　打磨　　　　图 2-49　清洗、干燥表面　　　　图 2-50　中涂层涂装

4）漆面涂装如图 2-51 所示，烘干如图 2-52 所示。

5）罩光漆涂装如图 2-53 所示。

6）抛光打蜡如图 2-54 所示。

图 2-51　漆面涂装

图 2-52　烘干

图 2-53　罩光漆涂装

4. 对汽车车身深度划痕进行处理

对深度划痕首先应清除损伤板面的旧漆层，用钣金或焊装等方法修复好已损伤车身的板面，达到与原来的形状、尺寸和轮廓相等的要求。然后进行修补涂装，其工艺步骤同对汽车车身中度划痕进行修复。

对于失光严重、刮擦严重、缺陷处多的汽车车身，应进行全车车漆翻新。

（1）设备、工具与用品　汽车整形修复介子机，打磨工具，清洗设备，烘干设备，遮盖纸及用品，喷涂设备，系列砂纸，气枪，抹布，棉布，呢绒，海绵，喷涂用中涂层漆、面漆，清漆，抛光剂，上光蜡，毛巾。

（2）工艺流程　检查、找出缺陷部位──→打磨缺陷部位──→打腻子──→打磨──→打填眼灰──→打磨──→清洗──→吹干──→遮掩──→喷涂──→罩光。

打磨凹陷处到底材露出为止，如图 2-55 所示。

刮涂腻子，如图 2-56 所示。

图 2-54　抛光打蜡

图 2-55　打磨凹陷处

图 2-56　刮涂腻子

羽状边打磨

施涂环氧底漆

刮涂腻子

打磨腻子

整板清洁除油、恢复工位

任务实施

1. 工作准备

准备好高压清洗机、研磨机、羊毛研磨盘、海绵抛光盘、深切研磨剂、中切研磨剂、微切研磨剂、抛光蜡、盛满清水的桶、抹布、毛巾。

2. 清洗

将漆面表层的上光蜡薄膜层、油膜及其他异物除掉，方法是采用脱蜡清洗剂对刮伤部位进行清洗，然后晾干。

3. 打磨

根据刮痕的大小和深度，选用适当的打磨材料，如 1500 号磨石，9μm 的磨片或美容泥对刮伤的表面层进行打磨。打磨一般采用人工作业，也可以用研磨/抛光机或打磨机进行打磨、抛光。

4. 还原

经打磨、抛光的漆面已基本清除浅划痕，对打磨、抛光作业中残留的一些发丝划痕、旋印等，可通过漆面还原进行处理。其方法是：用一小块无纺布将还原剂均匀涂抹于漆面，然后抛光至漆面层与原来的涂层颜色完全一致为止。

5. 打蜡

漆面还原后还应进行打蜡处理。在打蜡时，可局部处理，也可将汽车整个表面同时打蜡、抛光一遍。方法是：用洁净的棉纱将蜡质全部擦净后，再涂上光蜡，至漆面清晰、光泽显目为止。最后，用绒布均匀擦拭一遍即可。

6. 完工检查

1）上述工序完成后，对修补表面外观质量要进行检查，检查的重点是涂层的色泽是否与原漆面完全一样。若有差异，说明表面清理和打蜡、抛光没有完全按照要求操作，必要时应进行返工。

2）整理、清洁所有清洁护理工具、用品和设备。按照 5S 要求，清洁使用过的工具、用品和设备，并按规定摆放。

3）处理废弃物。

考核评价

漆面划痕处理考核标准

考核时间：120min 考核总分：100 分

考 核 项 目	评 分 标 准	得 分
一、工作准备（10分）		
1. 穿着工作服、安全鞋	未穿着工作服扣 1 分，未穿着安全鞋扣 1 分	
2. 准备并清点实训用品及工具	工具准备不正确，每项扣 2 分；未做，扣 1 分	
3. 场地及教具准备	场地及教具准备不正确，每项扣 1 分	
二、清洗（20分）		
1. 清洗车辆	未按要求清洗车辆，特别是重点部位，少 1 项或者清洗不彻底扣 10 分	
2. 晾干	未用毛巾擦拭或者未吹干扣 10 分	
三、打磨（20分）		
1. 选打磨材料	未选正确的打磨材料扣 10 分	
2. 打磨	打磨方法不正确扣 10 分	
四、还原（20分）		
还原	还原剂涂抹不均匀扣 10 分，没能完全遮住发丝划痕和旋印扣 10 分	
五、上蜡（20分）		
1. 除蜡	除蜡不够彻底扣 10 分	
2. 上蜡	上蜡方法不正确扣 10 分	

（续）

考 核 项 目	评 分 标 准	得　分
六、完工检查（10 分）		
1. 检查划痕处理情况	未按照正确方式检查划痕处理情况扣 5 分	
2. 整理、清洁所有工具、设备和用品	未做扣 5 分	
合计		

任务五　汽车外饰的清洁护理

任务目标

1. 能够根据不同的外饰材质选择不同的护理用品。
2. 了解汽车各外饰清洁护理的用品。
3. 能够独立按照工艺流程进行各车外饰清洁护理的施工。

任务描述

很多人对车辆外饰清洁护理的理解就是洗车，其实车表外还有许多外饰件，如风窗玻璃、车门玻璃、后视镜、车灯、轮毂、轮罩、保险杠与饰板等，这些外饰件对提高汽车装饰性与美观性同样有重要的作用。要完成汽车外饰的清洁护理这项任务，作业人员应该知道汽车外饰清洁护理的规范流程及注意事项、不同车护理产品的选用、清洁护理设备及工具的使用方法。

知识储备

一、汽车外饰美容的作用

在外饰护理方面，普通美容只是进行清洗、除污工作；而专业美容能对轮胎、轮辋、保险杠、电镀件和不锈钢件等进行专门的清洁护理、上光，使之焕然一新，延长它们的使用寿命。

二、汽车外饰清洁护理的内容

汽车外饰清洁护理的内容包括橡胶件美容护理，汽车玻璃清洁护理，塑料件清洁护理，不锈钢、电镀件清洁护理和车灯清洁护理。

三、各汽车外饰的清洁护理

1. 橡胶件美容护理

汽车外饰橡胶件主要有车轮、车窗及车门密封条、刮水器刮片等，其中车轮美容最为行内熟知。车轮美容包括轮辋清洁护理美容及轮胎清洁护理美容两方面。轮胎美容包括清洁、增黑上光等作业。轮辋美容包括去除氧化斑、除锈、防锈及清洁去污。

（1）密封胶条的美容护理　密封胶条用于车门、车窗、车身、天窗、发动机舱和行李舱等部位，具有隔声、防尘、防渗水和减振的功能，保持和维护车内小环境，从而起着对车内乘员、机电装置和附属物品的重要保护作用。车门、窗密封胶条如图 2-57 所示。

（2）轮胎的美容护理

1）轮胎美容护理的重要性。轮胎和轮辋是汽车中比较引人注意的地方，汽车依靠轮胎与地面摩擦产生的驱动力而行驶。

由于轮胎在使用过程中直接与各种条件的路面接触，溅起的泥水、尘土，油脂和沥青等，使轮胎和轮辋的外表非常脏，严重影响汽车的美观。同时附着在轮胎上面的一些酸性、碱性污物也会慢慢地产生侵蚀作用，使轮胎失去原有的纯正黑色，而呈现灰黑色。受侵蚀的橡胶极易老化、变硬，失去原有的弹性及耐磨性，甚至发生龟裂。所以，应对轮胎定期进行保护处理，延长其使用寿命的同时保证车辆美观，如图 2-58 所示。

图 2-57　车门、窗密封胶条

图 2-58　轮胎清洁护理

2）轮胎美容护理用品。轮胎美容护理用品有两类，一类是清洁用品，另一类是护理用品。常见的清洁用品主要有轮胎泡沫清洁剂（图 2-59）、轮胎光亮剂（图 2-60）和轮辋清洁剂（图 2-61）。

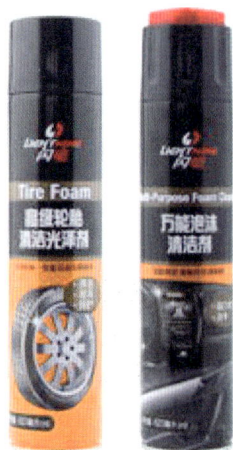

图 2-59　轮胎泡沫清洁剂

图 2-60　轮胎光亮剂

图 2-61　BMW 轮辋清洁剂

2. 汽车玻璃清洁护理

（1）汽车玻璃清洁护理的必要性　汽车玻璃就像人的眼睛一样不能有灰尘，应经常保持其干净透亮，尤其是前风窗玻璃的清洁，不仅影响外观，从安全方面来讲也十分重要。若玻璃上残留油膜，在雨天行驶时（特别是在雨夜），刮水器擦过，油膜残留晃眼，会使驾驶人视线模糊不清、眩晕，增加了驾驶人的疲劳程度，这是安全行驶的大敌，必须想办法彻底清除。

（2）玻璃清洁用品　玻璃清洁用品有玻璃清洁剂（图2-62）与风窗玻璃抛光剂。

玻璃抛光机也称为玻璃抛光辊，在玻璃专用抛光剂共同作用下，用于研磨、抛光玻璃表面，从而去除划痕及氧化层，恢复玻璃的平整与光泽，其转速较高，达到了10000r/min，如图2-63所示。

玻璃清洁剂主要用于全车玻璃和后视镜的预处理，可以有效去除表面尘污。

风窗玻璃抛光剂兼具上光、抛光作用，不但可以增亮，使玻璃表面洁净、光滑，还有防止灰尘二次沉降的作用，同时也可改善刮水器擦痕。

图 2-62　玻璃清洁剂　　　　图 2-63　风窗玻璃抛光机

（3）汽车玻璃清洁步骤

1）用洗车香波清洗车身，玻璃上附着的沙砾、尘土等污物在浸润后用高压水流冲走，玻璃上黏附的污斑、昆虫和沥青、口香糖或透明胶的残痕等污物，可用塑料或橡胶刮刀去除；玻璃表面上的顽固性污物（如油漆污点、鸟粪等），可以用1500~2000#旧水砂纸的背面蘸着肥皂水细心研磨。洗车工序完成后，车窗玻璃上附着的仅剩油膜了。如果只清洗玻璃，可先在玻璃上喷洒清水，用手触摸，触感较大的大尘粒，可用专用刮刀将其刮除干净，如图2-64所示。

2）用海绵蘸上适量玻璃清洁剂，均匀地擦拭玻璃的内、外表面，静置一段时间，待已擦抹的表面变白后，用干净、柔软的棉布擦拭，除去表面尘污，如图2-65所示。

图 2-64　刮除玻璃上的大尘粒　　　　图 2-65　棉布除尘污

3）清洗前风窗玻璃和后视镜，将风窗玻璃抛光剂涂满整个玻璃，稍待片刻，用干净软布进行直线擦拭，直到将玻璃擦亮为止。

4）后风窗玻璃内侧因有防雾除霜栅格，所以不能用风窗玻璃抛光剂处理。清洁后风窗玻璃时，注意不可破坏防雾除霜栅格，只能用软布配合玻璃清洁剂进行横向仔细擦拭。如果不慎破坏了防雾除霜栅格，可用修复工具将断了的地方用导电涂料将其粘接起来。

5）贴有太阳膜的玻璃，有些只能用玻璃清洁剂处理贴膜面，不能用风窗玻璃抛光剂，否则不但不能清洁玻璃，反而会将膜面擦出划痕，影响采光效果。玻璃外侧和后视镜可以采用风窗玻璃抛光剂处理，效果更加理想。

6）玻璃清洗装置的保养。检查汽车玻璃清洁装置，拨动刮水器开关至风窗清洗档，重点检查喷水器工作情况，观察喷水时的形状及喷射力情况，观察刮水器刮片与玻璃面的贴合情况及雨水印迹，若存在问题，应及时修理或更换。检查刮水器储水箱储水情况，按比例加入适量玻璃保护剂及清水。

3. 塑料件清洁护理

（1）**塑料件清洁护理的必要性**　塑料部件已大量运用于车身表面，如后视镜架、保险杠、车门把手和车窗密封条等，它们在长期的风吹日晒中，极易褪色、老化甚至龟裂。对塑料部件的清洁护理既可以起到养护作用，达到延长使用寿命的目的，还可恢复表面原色，达到光洁如新的效果，因此要定期对它们进行清洁护理。

塑料部件的清洁护理可以使用塑料清洁上光剂来完成。塑料清洁上光剂是一种多功能的护理剂，可以将清洁和上光一次性完成。使用时，先用洁净的软布蘸少量的塑料清洁上光剂，再用此软布擦拭塑料部件的表面，边打圈边擦拭，对顽固污渍或凸凹表面需要多擦拭几遍，直至物质表面出现光泽即可。

（2）**塑料件清洁护理的步骤**

1）清洗塑料件。可按车身清洗的方式先进行一次初洗，即塑料件清洗可以与车身清洗同时进行，如图 2-66 所示。

2）精洗塑料件。将专用的塑料件清洁剂摇晃均匀后喷洒于塑料件上，如图 2-67 所示，用海绵反复擦拭，即可将污渍去除。

图 2-66　清洗塑料件　　　　　　　图 2-67　喷洒塑料件清洁剂

3）喷涂护理剂。操作方法是将塑胶护理剂直接均匀地喷涂在清洁而干燥的保险杠漆膜上，即可达到对保险杠护理美容的目的。

4）塑胶保护翻新。若上光护理处理后仍达不到较好的效果，可用塑胶保护翻新剂进行进一步的翻新。方法如下：

① 使用前将翻新剂充分摇匀。

② 将翻新剂倒于柔软毛巾或海绵上，直接涂抹于需要涂抹的部位。

③ 有凸凹的部位要反复涂抹完全。

④ 将翻新剂薄薄地涂于塑胶件表层后，稍等 3~5min。

⑤ 用柔软毛巾抛光即可。

4. 不锈钢、电镀件清洁护理

（1）**不锈钢、电镀件清洁护理的必要性**　汽车外部有许多部件，如保险杠、车标、发动机通风栅格、后视镜架、车身装饰条、拉杆天线等广泛采用不锈钢和电镀件。对于不锈钢和电镀件表面最有害的是空气中的硫化气体、水分（或潮气）和海滨地区空气中的盐分，这些腐蚀性的物质附着在不锈钢和电镀件的表面，久而久之，会造成不锈钢和电镀件表面因腐蚀而生锈、失光，影响其装饰效果。因此应对车身不锈钢和电镀件进行例行保养。当不锈钢和电镀件在日常使用过程中大面积甚至全部失光时，需对其进行上光保护翻新。

电镀件并不像不锈钢那样耐腐蚀，需要精心保养才能保持光洁亮丽，一旦污迹侵蚀超过一定标准，空气中的酸雨、水分和杂质等就会进入电镀层的里面，从内到外瓦解电镀层，这就是电镀层出现剥落、锈蚀的真正原因。轮毂电镀抛光剂如图 2-68 所示。

（2）金属电镀件的美容操作方法

1）采用金属电镀件抛光剂。清洗作业表面并擦干后，轻轻摇匀护理剂或抛光剂，用纯棉抛光布蘸取少许，对需要抛光的部位反复擦拭，直至光亮度满意为止，然后用清水冲干净。

2）使用美容黏土。当金属表面通过上光无法恢复原有光泽时，可使用美容黏土进行清洁护理。清洁护理时，将黏土揉掐成零件表面的形状，配合使用专用全能水，在需清洁的零件表面反复擦拭，使金属氧化物、锈迹颗粒等卷入黏土中，直至金属表面光亮如新为止。

（3）金属电镀件抛光护理

步骤一　金属电镀件预洗

用洗车香波清洗车身，如图 2-69 所示，去除金属件上附着的砂粒、尘土等污物。如果只清洁金属件，可先用清水浸润，再喷洒香波清洁剂，用海绵擦拭，用清水冲洗掉即可完成金属件的预洗。

步骤二　去污作业

用海绵蘸上适量玻璃清洁剂，均匀地擦拭玻璃的内、外表面，静置一段时间，再用干净柔软的棉布擦拭，除去表面尘污。

步骤三　金属电镀件上光护理

1）先清洗需抛光的范围并风干。

2）将抛光剂倒在干净、柔软的棉质毛巾上，抹于小范围部位上。

3）大力擦拭直至抛光剂干透。

4）用干净、柔软的棉质毛巾打磨至光亮。

（4）保养步骤　清洁，涂电镀抛光剂抛光，上蜡，再次抛光。

5. 车灯清洁护理

车灯的表面经常有刮痕，一般可用专用清洁剂喷洒后擦拭，也可用酒精清洁。轻微划痕的可用车蜡处理；严重的可用砂纸打磨后，用抛光蜡抛光。

车灯的护理很简单，其基本操作方法是：用干净的软毛巾蘸取少许透明塑料件研磨剂对车灯表面进行研磨，出现光亮后用毛巾擦干；用另一块干净的毛巾蘸少许透明塑料抛光剂用同样的方法进行抛光，直至灯罩清澈透明为止，如图 2-70 所示。

图 2-68　轮毂电镀抛光剂　　　图 2-69　用洗车香波清洗车身　　　图 2-70　毛巾抛光

任务实施

1. 工作准备

准备好汽车清洗设备和工具、空气压缩机、喷枪、铁铲刀、钢丝刷及毛刷、轮胎清洁剂、轮辋清洁剂、光亮剂、盛满清水的桶、抹布、毛巾。

2. 高压清洗

用高压洗车机冲洗轮胎和轮辋外表以及挡泥板内侧的泥沙和尘土，然后用毛巾擦拭，去除黏附的浮土，如图 2-71 所示。

3. 喷涂轮胎清洁剂

轮胎清洁剂富含强力清洁泡沫，具有清除轮胎内部的酸碱性污染物和其他有害物质，清洁、翻新聚乙烯树脂、橡胶、塑料和皮革制品等作用，使渗透、清洁、上光、保护轮胎一次性完成，可以彻底去除轮胎上的油渍、污垢等；特有的防紫外线剂，可以降低紫外线的辐射，减缓橡胶老化，延长使用寿命；同时还具有增黑上光功能。

将轮胎清洁剂摇匀，在距离轮胎 15cm 处以打圈的方式喷涂在轮胎表面上（图 2-72），停留 1~2min 后再用毛巾擦拭。

图 2-71　高压清洗轮胎

图 2-72　喷涂轮胎清洁剂

4. 清洁轮辋

将铝合金轮辋清洁剂均匀喷于轮辋表面，2~3min 后改用柔软的毛刷子或海绵擦拭，以免损伤金属表面，注意轮辋的叶片、辐条之间不要有遗漏，如图 2-73 所示。

5. 喷涂光亮剂

轮胎和轮辋清洁后，用水冲洗干净，再用压缩空气吹干，最后分别喷涂轮胎保护剂和铝合金光亮剂（图 2-74），可使两者的外表焕然一新，并且能保持轮胎的柔软和延缓老化。如果用毛巾擦拭，会降低轮胎增黑上光及轮辋光亮的效果。

6. 完工检查

1）施工完毕，检查轮胎的清洁护理效果。

2）整理、清洁所有清洁护理工具、用品和设备。按照 5S 要求，清洁使用过的工具、用品和设备并按规定摆放。

3）处理废弃物。

图 2-73 清洁轮辋

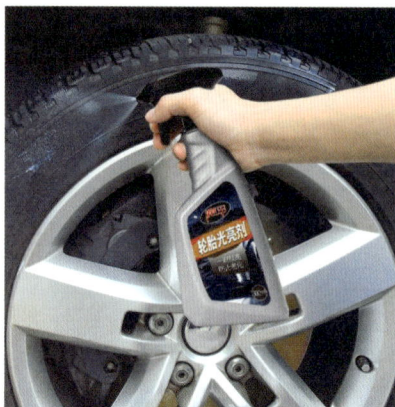

图 2-74 喷涂光亮剂

考核评价

轮胎和轮辋清洁考核标准

考核时间：120min 考核总分：100 分

考 核 项 目	评 分 标 准	得　分
一、工作准备（10 分）		
1. 准备并清点实训用品及工具	工具准备不正确，每项扣 1 分；未做，扣 5 分	
2. 场地及教具准备	场地及教具准备不正确，每项扣 1 分	
二、高压清洗（20 分）		
1. 冲洗轮胎	尘土和泥沙冲洗不彻底扣 10 分	
2. 冲洗轮辋	尘土和泥沙冲洗不彻底扣 5 分	
3. 冲洗挡泥板内侧	尘土和泥沙冲洗不彻底扣 5 分	
三、喷涂轮胎清洁剂（20 分）		
1. 选择轮胎清洁剂	轮胎清洁剂选择不正确扣 10 分	
2. 喷涂轮胎清洁剂	轮胎清洁剂使用方法不对扣 10 分	
四、清洁轮辋（20 分）		
1. 喷涂轮辋清洁剂	轮辋清洁剂喷涂方式不对扣 10 分	
2. 清洁轮辋辐条、叶片	轮辋辐条、叶片清洁不干净扣 10 分	
五、喷涂光亮剂（20 分）		
1. 喷涂轮胎保护剂	喷涂轮胎保护剂方法不正确扣 10 分	
2. 喷涂铝合金光亮剂	喷涂铝合金光亮剂方法不正确扣 10 分	
六、完工检查（10 分）		
1. 检查清洗后的情况	未清洗干净，扣 5 分	
2. 整理、清洁所有工具、设备和用品	未做扣 5 分	
合计		

一、填空题

1. 汽车车身清洁的方法大致有_____、_____、_____、_____和_____等方法。

2. 汽车外饰橡胶件主要有_____、_____和_____等。

3. 车身漆面发生划痕的原因有_____、_____和_____。

二、判断题

1. 对轮胎应定期进行护理处理，可以延长其使用寿命。 （　　）

2. 轮辋美容包括去除氧化斑、除锈、防锈及清洁去污。 （　　）

3. 后风窗玻璃内侧因有防雾除霜格栅，所以不能用风窗玻璃抛光机处理。 （　　）

三、简答题

1. 简述汽车封釉的注意事项。

2. 简述抛光的工艺要求。

项目三　底盘装甲

任务目标

1. 了解什么是汽车底盘装甲。
2. 了解汽车底盘装甲的功用。
3. 能够合理选择并使用汽车底盘装甲设备、用品与工具。
4. 能够在教师的指导下，根据操作规范完成汽车底盘装甲防护处理。
5. 培养学生节约成本的意识，养成绿色低碳的生活方式。

任务描述

有一位比亚迪车主，其车辆主要用于日常城市通勤，但所在城市经常修路。车辆底盘没有做装甲，在经过施工路段时，小石子不断撞击底盘。一段时间后，底盘的车漆被刮掉，金属部分开始生锈。由于没有防护层，生锈的情况越来越严重，甚至影响到底盘部分零部件的正常使用，如底盘的一些螺栓因为生锈难以拆卸。

要完成车辆底盘装甲，汽车维修人员应该知道如何选择与使用汽车底盘装甲设备、用品与工具。

知识储备

一、汽车底盘装甲概念

汽车底盘装甲是汽车底盘防撞防锈隔声底漆（UNDERCOATING），是一种高科技的粘附性橡胶沥青涂层。它具有无毒、高遮盖率和高附着性的特点，可喷涂在车辆底盘、轮毂、燃油箱、汽车下围板和行李舱等暴露部位，快速干燥后形成一层牢固的弹性保护层，可避免飞石和沙砾的撞击给底盘造成的磨损，避免潮气、酸雨和盐分对车辆底盘金属的侵蚀，防止底盘生锈和锈蚀，保护车主的行车安全。汽车底盘进行装甲后如图 3-1 所示。

二、汽车底盘装甲功用

1. 防腐蚀

汽车的锈蚀均从底板开始，夏季多为潮湿天气，加上每次洗车污水会残留在底部，长久下去就会形成潜在的腐蚀因素，对汽车造成伤害。喷涂汽车底盘装甲后可以避免这些不必要的腐蚀。被腐蚀后的汽车底盘如图3-2所示。

图3-1 汽车底盘装甲后

2. 防敲击

车辆在行驶的过程中，难免会溅起一些碎石子，进而对汽车底盘造成敲击，喷涂了汽车底盘装甲后，则可以避免碎石子对汽车底盘敲击而造成的磨损。被敲击的汽车底盘如图3-3所示。

图3-2 被腐蚀后的汽车底盘

图3-3 被敲击的汽车底盘

3. 防振

发动机、车轮等部件均固定在汽车底板上，它们的振动在某一频率上会与底板产生共鸣，使人产生不舒适的感觉。汽车底盘装甲能在底盘与发动机、变速器和车轮等部件的连接部位起到缓冲作用，减少振动向底盘其他部位的传导。

4. 隔热省油

在炎炎夏日，地表温度极高，汽车底盘很容易把热气传导至车内。如果车内开了空调，则需要更多的油耗来降低车内的温度。如果喷涂了汽车底盘装甲，则可以很大程度地把热量隔绝在外，并保持车内的温度，从而减少油耗。

5. 隔声降噪

车辆在行驶过程中，车轮与路面的摩擦声与速度成正比，尤其是高速行驶时，噪声更明显。喷涂了汽车底盘装甲后，车辆具有完好的底部防护，能大大减小车内的噪声。

6. 防拖底

车辆行驶在不同的路段，难免会有一些凸起的地方会对汽车底盘造成磨损。如果喷涂了汽车底盘装甲，则可以防止汽车底盘的磨损，更大程度上保护好汽车底盘。

三、汽车底盘装甲材料

1. 底盘装甲材料的种类

（1）含沥青成分的底盘装甲材料　含沥青成分的底盘装甲材料是最早期的防锈产品，价格比较便宜。此类材料弹性一般，对汽车的危害较大，已基本被淘汰。含沥青成分的底盘装甲材料如图3-4所示。

（2）油性（溶剂性）成分的底盘装甲材料　油性（溶剂性）成分的底盘装甲材料含有对人体

有害的有毒物质（用来做稀释剂的溶剂，如甲苯），不仅破坏环境而且损害人体健康。另外，油性（溶剂性）产品缺少弹性，在底盘隔声方面效果也较差。油性成分的底盘装甲材料如图 3-5 所示。

（3）水溶性成分的底盘装甲材料　水溶性成分的底盘装甲材料的稀释剂为水，不含有毒物质，又称为环保型底盘装甲，现在底盘装甲大多选用此类产品。水溶性成分的底盘装甲材料如图 3-6 所示。

图 3-4　含沥青成分
的底盘装甲材料

图 3-5　油性成分的
底盘装甲材料

图 3-6　水溶性成分
的底盘装甲材料

（4）复合高分子的底盘装甲材料　复合高分子的底盘装甲材料第一代和第二代产品都为非环保型，第三代为环保型，但其施工受温度、湿度的影响较大，耗时较长。第四代环保快干型底盘装甲具有高防水性、高弹性、强耐蚀性和高吸声降噪性，它不受湿度、温度的控制，大大缩短了施工时间，极大地方便了车主和施工人员。复合高分子的底盘装甲材料如图 3-7 所示。

图 3-7　复合高分子的
底盘装甲材料

2. 底盘装甲材料的鉴别

选择正规而且环保的底盘装甲材料可以从以下 3 个方面进行鉴别：

（1）购买渠道　要选择正规的购买渠道，这样才能保证所买到的装甲材料是真的；如果选择不正规的购买渠道，就很难保证材料的真假。

（2）看品牌　在购买底盘装甲材料时，应该选择知名品牌的装甲材料，如德国汉高、伍尔特、霍尼韦尔、雷朋、固特尔、科扬、保赐利和 LDH 雷通等。

（3）做试验　从开罐气味判断，专业的汽车底盘装甲用高分子树脂与水合成，只有微弱气味；而劣质底盘装甲用沥青、橡胶、甲苯和二甲苯等合成，气味难闻且刺鼻。

1）将少量底盘装甲材料放在白纸上，如果含沥青，则会有黄点出现。

2）若含有甲苯、二甲苯等有毒溶剂，则有刺激性气味且能被点燃，有火苗。

任务实施

1. 工作准备

（1）实训设备和工具　实训设备和工具包括汽车清洗设备和工具、汽车举升机、空气压缩机、高压水枪、喷枪、吹气枪、铁铲刀、钢丝刷、毛刷及拆装工具。

（2）实训耗材　实训耗材包括遮蔽胶带、报纸、大张塑料薄膜（包车轮用一次性塑料台布也是很好的选择）、砂纸、清洗剂和脱脂剂。

（3）防护用品 防护用品包括手套、防护帽、防护镜和防护口罩。

（4）其他用品 其他用品包括盛满清水的桶、抹布和毛巾。

2. 底盘清洁

底盘清洁是对汽车底盘进行彻底清洁，对于重点施工部位，要确保无尘、无锈和无油。

（1）清洗 将施工车辆开进洗车房进行全车清洗，重点冲去底盘下部、轮胎上方等部位的大块泥沙，擦干车辆外部水分。

（2）拆除附件 如图3-8所示，将车辆开到举升机上，拆去车轮；然后把挡泥板、轮胎上方的内衬拆除。

（3）除锈 如图3-9所示，将车辆举升至一定高度，将四轮内衬里面、底板下面的死角用铁铲刀、钢丝刷、砂纸，并配合高压水枪等进行彻底清洁，发现起皮、脱落的涂层用铁铲刀铲去，生锈的部位用砂纸抛光，再用高压水枪冲洗，确保无尘土、无锈。只有清洁干净，才能保证施工质量。

（4）脱脂 如图3-10所示，用脱脂剂将施工部位均匀擦拭一遍，确保无油、无蜡。

图 3-8 拆除附件

图 3-9 除锈

图 3-10 脱脂

（5）吹干 如图3-11所示，先用毛巾擦拭，再用吹风枪吹干。

3. 局部遮盖

"底盘装甲"并非底盘全部装甲，如发动机油底壳、变速器外壳、进排气歧管、排气管、减振簧、减振器、传感器和转向系统各拉杆等部位，在喷涂时都要用遮盖纸进行包裹，避免防锈材料喷在上面，如图3-12所示。

图 3-11 吹干

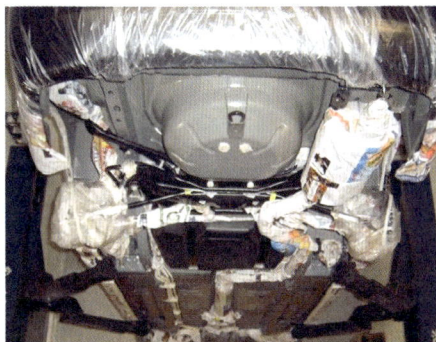

图 3-12 局部遮盖

4. 喷涂施工

喷涂施工是用高压喷枪将底盘装甲各组分材料均匀喷涂在底盘上。

（1）一次喷涂　如图 3-13 所示，喷枪距物体表面 15~20cm，"十"字形喷涂，喷涂速度约为 10~15cm/s，在不易连续喷射的地方可以点射喷涂。施工后静置 20min 左右，让底盘装甲材料表面 晾干，防止在行驶的时候，小石子粘在底盘上。

（2）二次喷涂　如图 3-14 所示，喷涂方法与第一遍方法相同，如果底盘装甲材料使用说明中有明确要求，可能会分多次喷涂。具体情况要按产品操作说明进行。

图 3-13　一次喷涂

图 3-14　二次喷涂

5. 干燥（图 3-15）

喷涂完成后需干燥 2~4h 才可以投入使用，但完全干燥还需要等待 3 天，在这 3 天内，最好不要用高压水枪对底盘进行清洗。干燥后的保护膜可以很好地黏附在清洁的汽车底盘上，具有极强的耐磨性和耐蚀性。

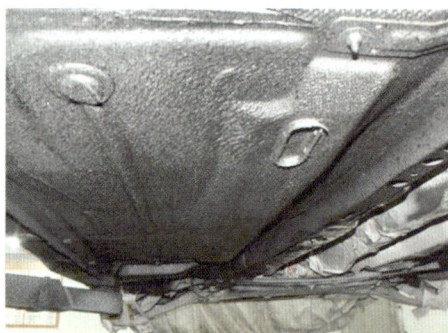

图 3-15　干燥

6. 完工检查

1）施工完毕，略等 20min 左右，即可将非喷涂部位的遮盖物去除；如果在不应喷涂部位的漆面上有飞溅的装甲材料，可用专用清洗剂和除胶剂清洗干净；将车轮、挡泥板等拆除的附件装回原位，至此底盘装甲施工完毕。

2）整理、清洁所有清洁护理工具、用品和设备。按照 5S 要求，清洁使用过的工具、用品和设备并按规定摆放。

3）废弃物进行环保处理，保持施工区域的环境卫生。

考核评价

汽车底盘装甲考核标准

考核时间：120min　考核总分：100 分

考 核 项 目	评 分 标 准	得　分
一、工作准备（5 分）		
1. 穿着工作服、安全鞋	未穿着工作服扣 1 分，未穿着安全鞋扣 1 分	
2. 准备并清点实训用品及工具	工具准备不正确，每项扣 1 分；未做，扣 1 分	
3. 场地及教具准备	场地及教具准备不正确，每项扣 1 分	

（续）

考核项目	评分标准	得　分
二、底盘清洁（20分）		
1. 清洗车辆	未按要求清洗车辆，特别是重点部位，少1项或者清洗不彻底扣4分	
2. 拆除附件	未按标准拆卸，或者拆卸不正确扣4分	
3. 除锈	未全部除锈或者除锈不彻底扣4分	
4. 脱脂	未全部脱脂或者脱脂不彻底扣4分	
5. 吹干	未用毛巾擦拭或者未吹干扣4分	
三、局部遮盖（20分）		
1. 找出需要遮盖的部位	未全部找出遮盖部位扣10分	
2. 对需要遮盖的部位进行遮盖	遮盖不正确扣10分	
四、喷涂施工（30分）		
1. 一次喷涂	喷枪压力不正确扣3分，喷枪距离不正确扣2分，喷涂方法不正确扣5分，第一次喷涂后干燥时间不正确扣5分	
2. 二次喷涂	喷枪压力不正确扣3分，喷枪距离不正确扣2分，喷涂方法不正确扣5分，喷涂厚度不够扣5分	
五、干燥（15分）		
1. 干燥时间掌握	对于干燥时间的掌握情况不正确扣5分	
2. 干燥情况的检查	不会正确检查干燥情况扣10分	
六、完工检查（10分）		
1. 检查遮盖物去掉情况	遮盖物未去掉或者未全部去掉扣2分	
2. 检查附件安装情况	附件未安装或者未全部安装扣3分	
3. 整理、清洁所有工具、设备和用品	未做扣5分	
合计		

课后测评

一、填空题

1. 汽车底盘装甲的功用有＿＿＿＿＿、＿＿＿＿＿、＿＿＿＿＿、＿＿＿＿＿、＿＿＿＿＿和＿＿＿＿＿。

2. 汽车底盘装甲的材料主要有＿＿＿＿＿、＿＿＿＿＿、＿＿＿＿＿和＿＿＿＿＿。

3. 汽车底盘装甲材料的鉴别方法有：＿＿＿＿＿、＿＿＿＿＿和＿＿＿＿＿。

二、判断题

1. 汽车底盘装甲是汽车底盘防撞防锈隔声底漆，是一种高科技的粘附性橡胶沥青涂层。　　　　　　　　　　　　　　　　　　　　　　　　　　（　　　）

2. 汽车底盘装甲可以实现防振和隔热省油的功用。　　　　　　　　（　　　）

3. 汽车底盘装甲施工后，待干燥后汽车就可以正常行驶了，没有必要去掉遮盖物。　　（　　）

三、简答题

1. 车辆的底盘为什么会生锈？

2. 如何进行汽车底盘装甲施工？

项目四 汽车室内的清洁护理

任务 汽车室内清洁护理施工

任务目标

1. 了解汽车内饰的组成、材质和护理用品。
2. 了解汽车内饰清洁时的注意事项。
3. 能够合理选择并使用汽车室内的护理用品与工具。
4. 能够根据汽车美容装饰与加装改装服务技术职业技能等级证书标准，按照操作规范完成室内清洁护理。

任务描述

一位轿车车主反映，自己的爱车刚买了一年多，由于使用中日常护理不当，发现爱车有异味，真皮座椅皮质发硬、龟裂，于是将车开到 4S 店进行修理。

要完成这个工作任务，作业人员应该知道汽车内饰部件的材质、合理选择护理用品、了解主要内饰部件的清洁护理方法和注意事项。

知识储备

一、汽车内饰材料

许多轿车的内饰件已经逐步使用 PP（聚丙烯）材料，这是一种工程热塑材料，它具有韧性好、强度大、隔热好、质地轻、耐腐蚀、富有弹性和手感好、成本低的优点，且可循环回收再利用，对环境保护大有裨益。

为了使轿车车厢更加舒适和美观，车厢内的装饰材料有越来越高级的倾向，如中、高级轿车坐垫面料大都采用手感柔和、色调高雅的皮革、呢绒和丝绸等天然材料。

1. 皮革材料

目前，市场上流行的皮革制品有真皮和人造皮革两大类。人造皮革中合成革和人造革是由纺织布作为底基或无纺布作为底基，分别用聚氨酯涂覆并采用特殊发泡处理制成的，有的表面手感酷似真皮，但透气性、耐磨性和耐寒性都不如真皮。

2. 橡塑材料

橡塑是橡胶和塑料的统称，它们最本质的区别在于塑料发生的是塑性变形，而橡胶是弹性变形。塑料的弹性很小，通常小于100%，而橡胶可以达到100%，甚至更多。绝大多数塑料制品在成型过程完成的同时生产过程即完成，而橡胶制品在成型过程完成后还需要进行硫化。

3. 纤维材料

纤维材料有天然纤维和化学纤维两种。

天然纤维是指由棉、麻和毛为原料加工制成的成品材料，天然纤维材料的特性是安全环保、舒适性高，但是容易脏污，保养护理比较麻烦。

化学纤维是用天然或人工合成的高分子物质为原料，经过化学或物理方法加工而得到的制品的统称。因所用高分子化合物来源不同，可分为人造纤维和合成纤维两种。

4. 合金材料

合金是由金属与另一种（或几种）金属或非金属所组成的具有金属通性的物质，一般通过熔合成均匀液体后凝固而得。

在汽车装饰部件上使用的合金，绝大多数都是镀到基材上的，主要是为了增加其抗磨性、美观性，并满足车主不同喜好的要求。

5. 木质和仿木质材料

木质或者仿木质材料是轿车内饰的主要材料之一，一般镶嵌在仪表板、中控板（副仪表板）、变速手柄、门扶手和转向盘等地方。

桃木或仿桃木材料具有美观、高雅和豪华等特点，其独有的花纹图案可获得特殊的装饰效果，适合于高档车。

二、车室清洁护理用品

根据汽车内饰各部件材料的不同，汽车内饰清洗剂主要有以下几种：

1. 丝绒清洁保护剂

丝绒清洁保护剂主要用于对毛绒、丝绒和棉绒等织物进行清洁和保护，具有泡沫量大、去污力强，洗后留有硅酮保护膜，可恢复绒织物原状、防止脏物侵入等特点。丝绒清洁保护剂如图4-1所示。

2. 化纤清洗剂

化纤清洗剂在多功能清洗剂的基础上特别增加了清洗内饰化纤制品的功能，对车用地毯、沙发套等化纤制品上的油泥和时间不太长的果汁、血迹等具有很好的清洗效果，而且不会伤害化纤制品。化纤清洗剂如图4-2所示。

图 4-1 丝绒清洁保护剂　　　　　图 4-2 化纤清洗剂

3. 真皮清洁增光剂

真皮清洁增光剂主要用于皮革制品的清洁和护理，清除污垢的同时能在皮革制品表面形成一层保护膜，起到抗老化、防水和防静电的作用，可延长皮革制品的使用寿命。

4. 多功能内饰光亮剂

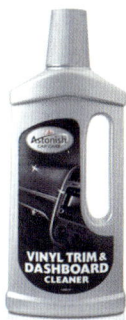

多功能内饰光亮剂不仅可对化纤、皮革和塑料等不同材料的内饰物品进行清洗，而且可起到上光、保护和杀菌等作用。其使用很方便，只要一喷一抹即可光洁如新。多功能内饰光亮剂如图4-3所示。

5. 车内仪表板清洁剂

车内仪表板清洁剂能够保持车内人造革和皮革（真皮）制品的光泽，使灰尘无法粘污，有柠檬香味，不破坏漆膜。其主要适用于车门、仪表板、合成橡胶制品、塑料制品、人造革及真皮制品的清洗。车内仪表板清洁剂如图4-4所示。

6. 地毯洗涤保护剂

地毯洗涤保护剂专为清洗汽车地毯而配制，泡沫量大、去污力强，洗后留有硅酮保护膜。

使用前，应先将污土洗净，然后轻轻摇匀保护剂，大面积喷在需清洗的表面或喷在干净布上用于擦拭，最后用洁净干布将泡沫擦净或用暖风机烘干即可。使用前应先对地毯的一小部分进行试用，效果不好即停止使用。

7. 多功能清洁柔顺剂

多功能清洁柔顺剂去污力强，尤其对丝绒和地毯表面可起到清洁、柔顺、还原着色和杀菌等作用，属于低泡清洗剂；能对汽车内饰及行李舱各部位进行清洗翻新，适用于喷抽机和手工法使用。多功能清洁柔顺剂如图4-5所示。

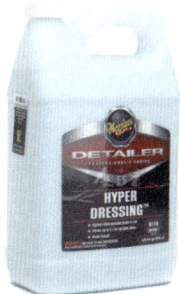

图4-3　多功能内饰光亮剂　　　　图4-4　车内仪表板清洁剂　　　　图4-5　多功能清洁柔顺剂

三、汽车内饰清洁时的注意事项

1. 使用适当的清洁剂

清洁汽车不同材质的内饰部件时，最好使用专用于该部件或最相称的清洁剂，如用化纤织物清洁剂清洗丝绒纤维制成的座套、地毯等。

2. 不能随意混合或加温使用内饰清洁用品

不同的内饰清洁用品混合后，可能产生有害物质，而某些化学成分混合后，可能会释放有毒气体。将清洁剂加温，如放入蒸汽清洗机内使用，也会产生有害气体。

3. 使用不熟悉的产品时应先进行测试

对于首次使用的清洁剂，应先在待清洗部件的不显眼处进行测试，以防褪色或有其他损害。

4. 正确保存清洁用品

正确地保存清洁剂既能保证产品充分发挥效能，又有助于防止产品过早变质。

四、内饰护理小技巧

内饰件常见顽固污迹的清除方法如下：

1. 霉

内饰件受污染未及时清洁会导致霉变，对此进行清除时可用热肥皂水清洗霉点，用冷水漂洗干净后浸泡在盐水中，最后用专用清洗剂清洗擦干。

2. 口香糖

清除口香糖时，可用冰块使其硬化，然后用钝刀片将其刮掉，最后用清洗剂清洁擦干即可。

3. 焦油

可先用冷水彻底刷洗，如果难以清除干净，可用焦油去除专用清洗剂浸润一段时间，然后擦拭干净即可。

4. 润滑脂、润滑油等

用专用的油污去除剂，从污迹周边向中心清洗，污迹已经洗掉后，用毛巾擦干。

人造革裂口的修理：座椅、门边内衬等常使用人造革制成，在使用过程中，难免会有意外损伤，甚至出现裂口，对于这类破损，可先用电吹风机将裂口两边吹热，再将一块纤维布衬在裂口下面，仔细将裂口两边对齐后压平，最后将人造革修复液涂在修理部位上，待完全干后即可。

任务实施

1. 工作准备

准备好清洗枪、吹尘枪、毛巾、毛刷、高档纺织物清洗剂、车内仪表板清洁剂、地毯洗涤保护剂、真皮清洁增光剂、多功能泡沫清洗剂，汽车停放在实训车间，车间配备气源、电源和水源。

2. 内饰除尘（图 4-6）

1）将车停稳，将车内的脚垫和杂物取出，抖掉尘粒，倒掉烟灰。配合高压水枪及泡沫清洗剂将脚垫冲洗干净，放在一旁晾干。

2）利用吸尘器进行吸尘、吸水作业。从高到低，先进行顶篷除尘，然后依次是仪表盘、座椅、地毯、车门内侧。地板的吸尘要分两次操作，第一次吸掉砂粒，第二次更换带刷子的吸头，边刷边吸，主要吸掉灰尘。

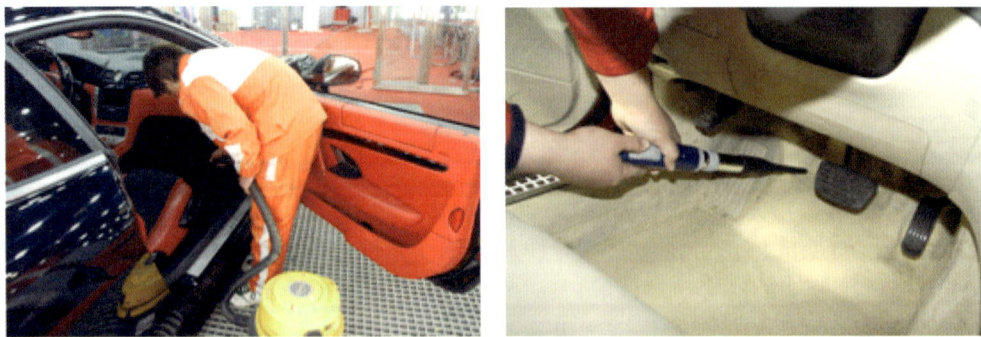

图 4-6　内饰除尘

3. 蒸汽预洗（图 4-7）

1）将专用的绒毛清洗药剂与水按一定比例加入到高温蒸汽机中，并旋紧加注盖。

2）通电后按下加热开关，等待 10min 左右，待蒸汽气压表指针到达绿色区域时，即可利用蒸汽进行高温蒸汽消毒。

3）按下手柄开关对车内除仪表板外的部位进行蒸汽喷敷。

图 4-7　蒸汽预洗

4. 顶篷的清洁护理（图 4-8）

使用绒毛清洁柔顺剂，从前往后，先往顶篷喷上少许绒毛清洁柔顺剂，湿润 0.5min，然后把干净的毛巾折叠成四方形，顺其纹路从污迹边缘向中心方向擦拭。污垢严重时，可重复以上操作，并可结合蒸汽清洗机的蒸汽来清洁。处理干净后，用另一块干净的棉布，顺着顶篷的绒毛方向抹平，使其恢复本来的模样。

图 4-8　顶篷清洁护理

5. 仪表台的清洁护理

仪表盘多为塑胶制品，存在较多细条纹，沾染的成分简单，多为灰尘黏附，容易清除。在除尘的基础上，先用拧干的湿毛巾擦拭，然后在仪表盘上喷塑胶清洁上光剂，并轻轻擦拭，即可达到清洁光亮的目的。

6. 中控区的清洁护理

中控区多为皮塑制品。这个区域边角缝隙特别多，并有各种控制开关。在操作中不许直接对其喷清洗剂，而应把清洗剂喷在毛巾或软布上，轻轻擦拭干净。清洁完后喷皮塑上光剂，只需轻轻擦拭，便可完成上光。

7. 真皮座椅的清洁护理（图 4-9）

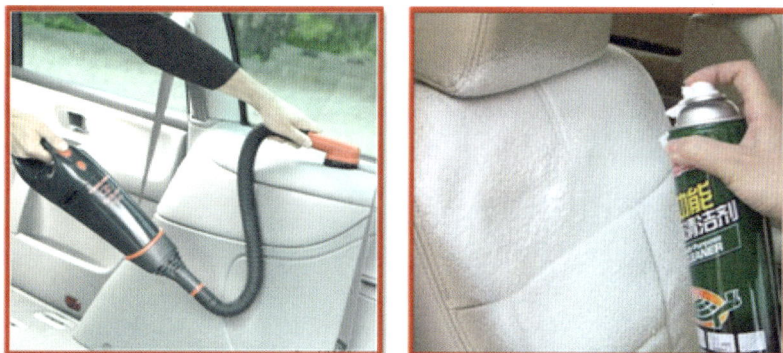

图 4-9　真皮座椅的清洁护理

1）将泡沫型内饰清洁剂喷到座椅表面，用软布仔细擦拭，方法与处理绒毛座椅一样。按照从四周向中间的顺序逐渐进行。

2）使用真皮清洁柔顺剂，用软布结合毛刷，彻底清除细纹中的污垢。

3）用真皮上光保护剂进行上光处理。

8. 完工检查

1）检查汽车内饰护理情况。

2）整理、清洁所有清洁护理工具、用品和设备。按照5S要求，清洁使用过的工具、用品和设备并按规定摆放。

3）处理废弃物。

考核评价

汽车室内的清洁护理考核标准

考核时间：90min　考核总分：100分

考核项目	评分标准	得分
一、工作准备（5分）		
1. 穿着工作服、安全鞋	未穿着工作服扣1分，未穿着安全鞋扣1分	
2. 准备并清点实训用品及工具	工具准备不正确，每项扣1分；未做，扣1分	
3. 场地及教具准备	场地及教具准备不正确，每项扣1分	
二、内饰除尘（10分）		
1. 将车停稳，取出脚垫进行清洁	未按要求停车或者清洁脚垫等扣5分	
2. 吸尘、吸水	未正确进行吸尘或者吸水扣5分	
三、蒸汽清洗（10分）		
1. 按比例混合清洗剂和水	未按正确比例混合清洗剂与水扣5分	
2. 通电、预热	未通电或者预热时间不够扣5分	
四、顶棚的清洁护理（15分）		
1. 安装保护套、喷洒清洗剂	少安装或者未安装保护套扣2分，安装保护套不正确扣2分，清洗剂选用不正确扣2分，操作方法不正确扣2分	
2. 顶篷擦拭清洁、毛刷洗刷	顶篷未擦拭或者没有完全擦拭扣2分，操作方法不正确扣3分，洗刷不彻底扣2分	
五、仪表台的清洁护理（25分）		
1. 除尘、清洁	除尘、清洁工具选用不正确扣3分，仪表板未除尘扣3分，仪表板未清洁扣3分	
2. 洗刷	洗刷工具选用不正确扣4分，操作方法不正确扣3分，未对仪表板洗刷扣3分	
3. 上光	工具选用不正确扣3分，未对仪表板进行上光扣3分	
六、中控区的清洁护理（10分）		
1. 喷洒清洗剂，擦拭干净	未喷洒清洗剂或者未擦拭扣5分	
2. 上光	未上光或者上光剂选择不正确扣5分	

（续）

考核项目	评分标准	得　分
七、座椅的清洁护理（20分）		
1. 喷洒泡沫清洁剂、擦拭清洁剂	喷洒方式不正确扣3分，未进行吸尘、喷洒清洁剂处理扣5分	
2. 真皮滋润、擦拭涂匀	护理用品选择不正确扣2分，未进行真皮滋润扣4分	
3. 皮革上光、自然风干	未进行皮革上光扣3分，操作方法不正确扣3分	
八、完工检查（5分）		
1. 检查汽车内饰护理情况	未做扣2分	
2. 整理清洁所有护理用品、工具和设备	未做扣3分	
合计		

课 后 测 评

一、填空题

1. 汽车内饰的材料有_____、_____、_____、_____和_____。

2. 汽车车饰清洁剂主要有_____、_____、_____、_____、_____、_____和_____7种。

3. 汽车内饰清洁时的注意事项：_____、_____、_____和_____。

二、判断题

1. 使用不熟悉的产品时应先进行测试。　　　　　　　　　　　（　　）

2. 多功能清洁柔顺剂去污能力强，尤其对丝绒和地毯表面可起到清洁、柔顺、还原着色的作用。　　　　　　　　　　　　　　　　　　　　　　　　（　　）

3. 用专用的油污去除剂，从污迹周边向中心清洗。　　　　　　（　　）

三、简答题

1. 简述真皮座椅的清洁护理方法。

2. 简述内饰清洁与护理的步骤。

项目五 汽车日常护理与季节护理

任务一 汽车日常护理与方法

任务目标

1. 了解汽车日常护理的内容和特点。
2. 掌握汽车日常护理的方法。
3. 培养学生正确的劳动态度，弘扬劳动精神、劳模精神和工匠精神。

任务描述

小王的爱车长期停放在户外，很少进行日常护理。车漆渐渐失去光泽，鸟屎、树液等污渍长时间留在车漆表面，侵蚀车漆，导致车漆出现斑点和变色情况。而且在阳光下暴晒后，车漆干裂剥落。因此，作为车主平时一定要注意车辆的日常护理。

知识储备

一、日常护理内容

汽车日常护理的主要内容：以清洁（汽车外表面、车内各部位）、补给（燃料、机油和水、蓄电池电解液）和安全检视为中心内容，坚持"三检"，即出车前、行车中、收车后的检查，检视车辆的安全机构及各部机件连接的紧固情况；保持"四清"，即机油滤清器、空气滤清器、燃油滤清器和蓄电池的清洁；防止"四漏"，即防止漏水、漏油、漏气、漏电；保持车容整洁。如果发现异常，应及时送修理厂检修。

二、日常护理的方法

1. 出车前的维护

（1）发动机起动前的检查 将汽车停放在平坦的场地上，将起动开关钥匙拧到关闭位置，拉起驻车制动杆，同时把变速杆置于空档位置。此检查应在发动机起动之前或停车 30min 后进行。

1）检查风窗玻璃和后视镜。检查驾驶室内、外各后视镜面是否完好并擦拭干净，擦拭驾驶室内风窗玻璃，检查门锁与玻璃升降器是否可用。如果上述零件有缺损，应予以修复或更换。

2）检查车辆燃油箱的储油量。打开点火开关，观察燃油表指示值，了解燃油箱大致储油量，如图 5-1 所示。也可打开燃油箱盖，观察或用清洁量尺进行测量。但要注意燃油箱盖的清洁，避免尘土等脏物落入。

3）检查机油的油量。先将机油尺擦净油迹后，插入机油尺道孔内，再拔出机油尺查看。油位在上、下刻度线之间，即为合适，如图 5-2 所示。如果超出上刻度线，应放出多余的机油；如果低于下刻度线，应从加油口处添加，待 10min 后，再次检查油位。

图 5-1　燃油表指示

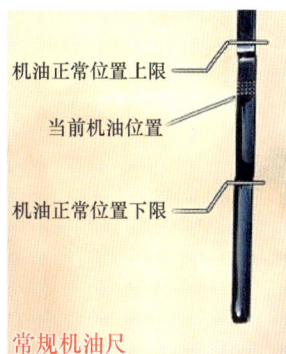

图 5-2　机油尺显示情况

4）检查散热器冷却液的液量。检查冷却液时，对于没有装膨胀水箱的冷却系统，可以打开散热器盖进行检视，要求冷却液液面高度低于排气孔 50~70mm（这是为了防止冷却液因温度增高而溢出）。装有膨胀水箱的冷却系统如图 5-3 所示。

5）检查蓄电池电解液液面的高度。如果蓄电池壳为半透明状，可在壳壁上观察，其液面高度应在外壳上、下刻度线之间。如果蓄电池壳不透明，如图 5-4 所示，用一根内径为 4~6mm、长为 150mm 的玻璃管垂直插入加液口内，直至极板上缘为止，然后用拇指压紧玻璃管的上口，用食指和中指将玻璃管夹出，玻璃管中电解液的高度即为蓄电池内电解液平面高出极板的高度，应为 10~15mm。

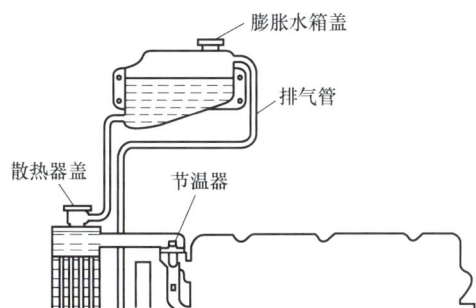

图 5-3　装有膨胀水箱的冷却系统

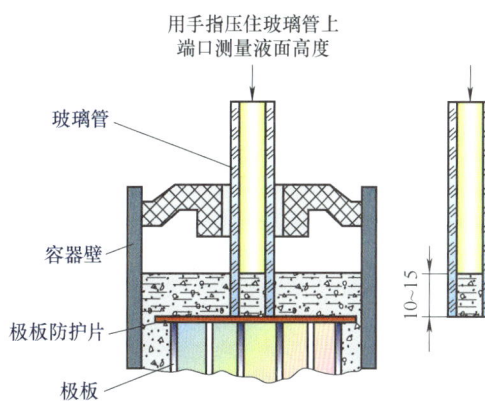

图 5-4　电解液液面高度测量

6）检查动力转向油的油量。首先清洁并擦干净动力转向储油罐的外壳，将加油口盖从储油罐上取下，用干净的布将油标尺上的油擦干净，重新将油标尺装上（检查时，请不要拧紧加油口盖），然后取下油标尺，检查油平面，油标尺所示的刻度与机油尺相同。

7）检查制动液的液量。正常制动液液量位置应在储液罐的上限（H）与下限（L）刻度线之间或标定位置处。当液位低于标定刻度线下限位置时，应补充制动液到标定刻度线或上限位置。

8）检查离合器液压油的液量。检查方法和要求与检查制动液的相同。

9）检查调整发动机风扇传动带。检查风扇传动带的紧度，用拇指以 90~100N 的力按压传动带中间部位时，挠度应为 10~15mm，如图 5-5 所示。如果不符合要求，可通过调节发动机支架固定螺栓的位置进行调整。

当调整传动带紧度时，稍微拧松交流发电机的上下固定螺栓后，用撬杆将整个交流发电机向里或向外移位，以调整传动带的紧度，如图 5-6 所示。调整后，应可靠地拧紧固定螺栓。传动带紧度过大会损害风扇传动带和轴承。

图 5-5　检查风扇传动带的紧度

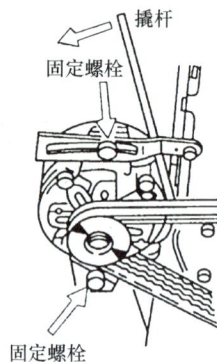

图 5-6　移动交流发电机

10）检查转向盘最大自由转动量。GB 7258—2017《机动车运行安全技术条件》中规定，转向盘最大自由转动量是指：转向轮对正前方时，在转向轮保持不动的情形下转向盘从极左到极右转过的角度，它是转向系统各部机件配合间隙的综合反映。机动车转向盘的最大自由转动量：①最大设计车速大于或等于 100km/h 的机动车应小于或等于 15°；②三轮汽车应小于或等于 35°；③其他机动车应小于或等于 25°。

11）检查传动轴。检查传动轴万向节联接螺栓是否缺少或松动；检查传动轴中间支撑架与缓冲胶垫是否完好。若发现损坏或松动，应及时更换或修理。

12）检查悬架系统。查看减振器、螺旋弹簧或钢板弹簧叶片有无折断，U 形螺栓有无松动；检查车身有无异常、倾斜的现象。如有异常，应到修理厂予以排除。

13）检查轮胎及轮胎螺栓紧固情况。

① 检查轮胎螺栓紧固情况，若发现螺栓松动应予以拧紧。轮胎螺栓除每天出车前检查螺母是否松动外，还应定期加以紧固。

② 检查轮胎气压。目测检查轮胎气压，如图 5-7 所示，如果怀疑轮胎气压不符合规定，可以使用轮胎气压表检查轮胎气压：拧开轮胎气嘴的防尘帽，连接轮胎气压表线，观察气压表的读数。

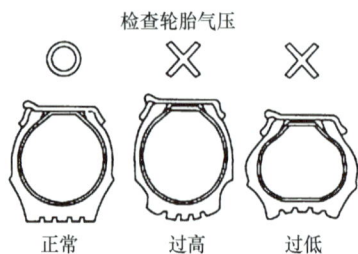

图 5-7　目测检查轮胎气压

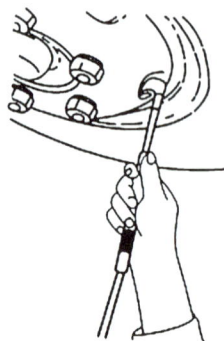

③ 检查轮胎磨损情况。轮胎胎面的磨损情况可以反映出车辆使用和转向系统的技术状况。当转向系统的技术状况正常并能正确使用时，轮胎没有异常磨损现象，否则，轮胎就会出现异常磨损，如图 5-8 所示。当出现轮胎异常磨损现象时，应结合汽车维护排除故障。

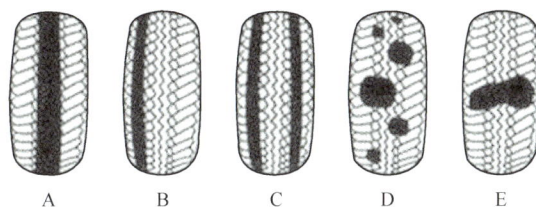

图 5-8 轮胎异常磨损的现象和原因

A—气压过高 B—前轮前束不正确 C—气压过低 D—轮胎动平衡失常 E—轮毂翘曲

检查轮胎花纹的深度，对于行驶在一般道路上的汽车，当其花纹深度小于 1.6mm 时应更换；对于行驶在高速公路上的车辆，当其花纹深度小于 2.5mm 时应更换。

最后要清除轮胎花纹内的金属片、石块等夹物。

14）检查全车泄漏情况。检查发动机增压器的机油管，应连接可靠，无漏油、渗油现象。检查底盘各齿轮箱等部位有无渗漏现象，发现渗漏现象时，应排除故障后再行车。

（2）发动机起动后的检查 起动发动机后检查项目如下：

1）检查发动机不同转速下的工作情况。起动发动机后，怠速运转至发动机冷却液温度达 40℃以上，检查发动机在不同转速下的工作情况。

2）检查各仪表信号、报警装置的工作情况。在发动机预热升温过程中，要观察各仪表和指示灯的工作情况。

3）检查制动系统的技术状况。

① 检查制动踏板自由行程。制动踏板的自由行程是为保证不发生制动拖滞、彻底解除制动而设置的。检查时，在制动踏板与驾驶室底板之间立一根钢直尺，用手向下按制动踏板至有阻力时，记下钢直尺刻度，如图 5-9 所示。

② 检查驻车制动系统。对于采用机械中央制动器的驻车制动系统，拉动制动杆使棘轮响 7~10 下，使汽车在坡道上稳固停放（或以二档起步，起不了步）为正常，否则应进行调整。

③ 检查排气制动。起动发动机，推动制动杆或踩下排气制动按钮时，排气制动阀应迅速动作（注意：对于利用排气制动方式使发动机熄火的柴油发动机，该操作会使发动机熄火）。否则，说明排气制动系统有故障，应予以排除。为保护发动机不受损坏，不得长时间地连续使用排气制动，使用排气制动时发动机转速不得高于 2000r/min。

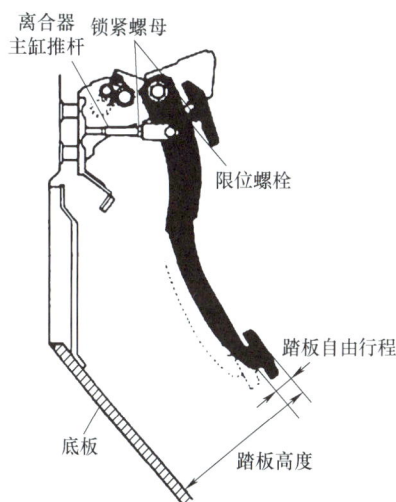

图 5-9 制动踏板自由行程的检查

4）检查灯光、喇叭、刮水器和车窗洗涤器。检查灯光信号和喇叭的使用和安装情况以及有无损坏。若发现故障，应及时排除。

5）检查汽车的其他方面。检查证件、随车工具、药品箱和附件是否带齐，车上物资装载是否安全可靠。

2. 行车中的维护

（1）起步后的检查 汽车起步后，先以低速（20km/h）运转，检查底盘工作情况。检查离合器接合、分离功能，检查行车制动器和驻车制动器的制动性能。若发现故障，及时排除。

（2）**行车中的检查**　车辆在行驶中，应密切注意各仪表的显示，检查各种操纵机构是否灵活有效，注意发动机和底盘有无异响和异味及工作状况是否正常。

（3）**途中停车的检查**　停车时，检查转向机构及其他操纵机构等各连接部位是否牢靠；检查有无漏油、漏水、漏气现象；逐一检查轮毂轴承、轮胎、制动鼓、变速器和驱动桥等部位，看其温度是否正常。

3. 收车后的维护

如果在停车前发动机曾在重负荷下工作，不要使发动机立即熄火，应以怠速运转一段时间后再熄火，防止配合副机件出现粘着磨损现象。

4. 换季养护内容与方法

汽车根据季节的变化所进行的养护，称为换季（每半年）养护。

我国各地地理环境和各季气温差别很大，由于汽车使用条件的变化，汽车各部件或总成的工作状况有显著的变化，使汽车性能变差。因此，要根据气温和季节的变化对汽车采取相应的技术措施，改善汽车的使用性能，减少机件磨损，防止机件损坏，确保行车安全，做到汽车在不同的季节中都能合理使用。

凡全年最低气温在 0℃ 以下地区，在入夏和入冬前均需要进行换季保养。换季保养一般可结合一级维护或二级维护同时进行。

任务二　汽车夏季护理与冬季护理

任务目标

1. 了解汽车夏季与冬季护理的特点。
2. 掌握汽车夏季与冬季护理的内容与方法。
3. 掌握汽车夏季与冬季护理的注意事项。
4. 能够在教师的指导下，根据操作规范完成汽车夏季与冬季护理。

任务描述

汽车护理主要包括日常护理、夏季护理、冬季护理和雨季护理等，要做好汽车的夏季护理与冬季护理，应该了解汽车夏季护理、冬季护理的特点；掌握汽车夏季护理、冬季护理的内容与方法以及注意事项等，从而完成汽车的夏季护理与冬季护理。

知识储备

一、汽车夏季护理

1. 汽车夏季护理的特点

（1）**防止发动机过热**　夏季环境温度高，发动机容易过热。因此，夏季应加强对发动机冷却系统的检查、保养，包括散热器、节温器、水泵和风扇等，及时加注冷却液。

（2）**防止燃油气阻**　温度越高，燃油（特别是汽油）蒸发越快，越容易在油路中形成气阻。因此，夏季应及时清洗燃油滤清器，保证油路畅通。

（3）**防止机动失灵**　制动液在高温环境中易蒸发汽化，在制动管路中形成气阻，制动蹄片也容易烧蚀，造成制动失灵。

（4）**防止车胎爆裂**　夏天是比较容易爆胎的季节，天热容易使轮胎变形，抗拉力下降。轮胎本身气压不标准、轮胎老化、性能减弱，或者在行驶过程中轮胎轧到硬物等情况，都会导致爆胎。

（5）**防止润滑不良**　当夏季温度较高时，机油黏度下降，抗氧化性变差，造成润滑不良。

（6）**防止车漆受损**　由于夏季温度较高，而漆面怕晒，长期暴晒会发旧、起皱。因此，应尽量减少汽车的暴晒。

（7）**防止发动机爆燃**　夏季气温较高，日最高气温常常在35℃以上，汽车自身的故障率也大大提高，易发生自燃、爆燃等。

2. 汽车夏季护理内容与方法

（1）**汽车漆面的护理**　夏季气温升高，汽车经常暴晒，导致漆面明显劣化，因此需要保护好汽车的漆面。汽车漆面的护理如图5-10所示。

（2）**汽车轮胎的护理**　夏季路面温度较高，汽车轮胎的使用环境更加恶劣，因此一定要注意做好汽车轮胎的检查和保养工作。

对于汽车轮胎的护理，夏季应该定期检查轮胎气压，经常检查轮胎磨损情况，防止爆胎。检查轮胎气压如图5-11所示。

漆面检测
与打磨

漆面抛光

图 5-10　汽车漆面的护理

图 5-11　检查轮胎气压

（3）**汽车制动系统的护理**　夏季是多雨季节，雨季路面潮湿造成轮胎和路面之间的摩擦系数减小，特别是轮胎花纹处有积水的情况下，摩擦系数更小。

对于汽车制动系统的护理，应该经常检查制动蹄片的磨损程度，制动分泵的清洁情况以及制动油液的余量。检查制动蹄片如图5-12所示。

（4）**汽车室内除霉护理**　夏季多为阴雨天气，由于天气的潮湿，车内也会变得潮湿，有时还会出现一些难闻的发霉的气味。汽车室内除霉护理如图5-13所示。

图 5-12　检查制动蹄片

为了有个清新的车内环境，可以采用以下几个方法：

1）阳光法。晴天时把车开到阳光直晒处，让空调系统处于暖风档，然后将风量开至最大，在车门、车窗全开的状态下晒10min以上。

图 5-13 汽车室内除霉护理

2）香水法。香水法比较适合发霉气味不是很严重的时候。在车内洒一点香水或是摆放一瓶香水，不仅可以减少异味，也很有浪漫的氛围。

3）机器法。采用空气清净机是最直接、最省事的方法。

4）植物法。与化学去除甲醛法相比，植物法无二次污染，安全性高。

（5）发动机护理　夏季发动机容易"发烧"，需要降温。发动机降温主要从以下3点入手：一是及时清理风扇；二是用高黏度（夏季专用）的机油；三是检查冷却系统的运行情况，保证冷却系统通畅。

3. 汽车夏季护理注意事项

（1）机油检查　车辆检查时，最重要的一项是发动机机油的检查。首先查看机油量是否合适；其次检查机油品质是否达标。机油检查如图 5-14 所示。

（2）风窗玻璃清洗液（俗称玻璃水）的及时补充　风窗玻璃清洗液在夏季的消耗量是很大的，除了正常使用外，高温蒸发掉的量也是很大的，所以应及时补充。补充风窗玻璃清洗液如图 5-15 所示。

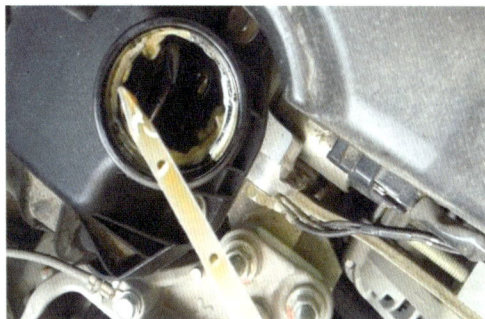

图 5-14 机油检查

图 5-15 补充风窗玻璃清洗液

（3）发动机维护　夏季应当尽量选择一些黏度较高的机油，因为机油的黏度会随着温度的升高而发生变化。发动机维护如图 5-16 所示。

（4）油水蒸发　由于夏季温度普遍较高，油和水的蒸发量都将增加，因此平常一定要注意把燃油箱盖盖严，油管要防止渗油；经常检查散热器的水位，曲轴箱的机油油面高度，制动总泵内的制动液液面高度及蓄电池内电解液密度和液面高度等。不合规定时，要及时添加和调整。

（5）空调的正常使用　在夏季高温时，空调就显得尤为重要，一定要正确使用空调，以免造成不必要的损失。在进入车厢前可以先将窗户打开通风，同时打开外循环，待车内热气排出后再开空调，这样制冷效果更快、更好。当车速低于 25km/h 左右时，应将空调置于较低档位，防止发电量和冷气不足。空调使用如图 5-17 所示。

图 5-16　发动机维护

图 5-17　空调使用

（6）**高温防自燃**　高温炎热的天气是汽车自燃事故的高发期。汽车的自燃不仅会造成经济损失，还可能造成人员伤亡，需要多加注意。

（7）**轮胎检查**　在轮胎检查中，主要对轮胎的花纹磨损程度、胎压进行检查，对缝隙中的石子等杂物进行清理，这样可以有效延长轮胎的使用寿命。

二、汽车冬季护理

1. 汽车冬季护理的特点

（1）**保证视线清晰**　冬季温度较低，车窗起雾会给行车带来不少困扰，尤其是前风窗玻璃部位需要进行保护（图 5-18），并特别注意出风口出风是否正常，热量是否充足。如果出现问题，要及时解决。

（2）**保证轮胎的安全**　到了冬季，气温较低，要适当补充轮胎气压，以使其保持在规定的气压范围内。

（3）**注意停车保暖**　尽量将车停在室内停车场或背风处，避免车辆长时间暴露在寒冷环境中。若在户外停车时间较长，可使用车衣罩住车辆，减少热量散失。

图 5-18　汽车前风窗玻璃保护

（4）**注意发动机的保护**　发动机是一辆汽车最重要的部分。到了冬天，经常会出现车辆起动困难，起动后容易熄火等问题，因此要注意发动机的保护。

2. 汽车冬季护理内容与方法

（1）**发动机的护理**　在冬季，发动机起动困难是常见的故障，因气温过低，机油的黏度明显上升，阻力变大，发动机的冷起动也就变得很困难，而这种故障在旧车上表现得尤为明显。对于冬季发动机的护理需要注意停车方法。冷起动困难，则应不让寒风直接吹进发动机舱内，就可避免打不着车。夜间户外停车时，可将车头对着朝阳方向，令清晨的第一缕阳光能照到车头上，帮助发动机升温，使出车更容易。

（2）**风窗玻璃的护理**　在冬季，风窗玻璃保持清晰是安全行车的基本条件。冬季应定期擦洗刮水器，确保在雪天可刮净风窗玻璃上的积雪。

对于冬季风窗玻璃的护理，内部可擦涂"雨敌"，防止玻璃起雾。有条件的可换防冻型风窗玻璃，以免冬季结冰。另外，风窗玻璃清洗液中可加些风窗玻璃除冰剂。风窗玻璃结冰时，将风窗玻璃清洗液喷上，冰即可融化。同时重点检查有关加热装置，如风窗玻璃、侧窗出风口、后窗电热器等，使其处于良好状态。

（3）**车身的护理**　在寒冷的冬季，汽车漆面更容易受损，入冬前，可给汽车车身上加一层保护膜。

对于冬季车身的护理，为减少腐蚀物质对车漆的伤害，保持车辆外表漆面的光亮和光泽，一般常采用打蜡、封釉和镀膜3种方法对漆面进行维护和保养。

（4）汽车底盘的护理 冬天，汽车底盘总是直接和雨、雪打交道，很容易生锈。飞驰的轮胎会把含盐分很高的雪水甩到汽车底盘上，雪过天晴后，汽车的底盘便开始生锈。所以应该给底盘做防锈护理，如图5-19所示。

（5）汽车坐垫的护理 冬天很多车主都会给自己换上保暖性能好、舒适的羊绒垫，常常忽视汽车本身的皮质坐垫，皮质坐垫如果不加以护理，很容易老化、脱皮。

图5-19　汽车底盘护理

对于冬季汽车坐垫的护理可以用真皮滋润霜或者真皮护理剂，它能够深层滋养皮质坐垫，使其保持自然光泽和弹性，防止老化、褪色，同时还能杀菌、防霉。汽车坐垫护理如图5-20所示。

3. 汽车冬季护理注意事项

1）车身及底盘封釉，做好整车防腐工作。

2）添加防冻液，保证冷却系统正常运行。添加防冻液，可以有效地遏制冷却系统结冰。

3）清洁节气门积炭，保障发动机正常点火。

进入寒冷的冬季时，可能会经常出现汽车打不着火的情况。除了可能是冷却系统和蓄电池电量不充足的原因外，这个故障绝大部分的原因是节气门、进气道等积炭过多。所以一定要在冬季清洁发动机这些部位的积炭。清洁节气门如图5-21所示。

图5-20　汽车坐垫护理

图5-21　清洁节气门

4）及时把夏季适用性机油更换为冬季适用性机油。

5）冬季行车起动汽车需暖车。

冬季车内机油黏度大、流动性差，润滑速度和时间就要相对长一些。这时候如果采用冷起动方式，发动机起动的瞬间在机油还未从油底壳打上来时，会因为只润滑到部分机件而使发动机受损。

6）确保制动系统正常运行。冬季最好检查一下制动油、制动管路和各制动分泵有无渗漏的地方，如有渗漏，就应及时更换制动液。同时，还要注意检查驻车制动。

任务实施

1. 工作准备

准备好汽车清洗工具、抛光设备、通用工具一套、清洗剂、汽车蜡、真皮护理剂、棉线手套、劳保鞋等。

2. 汽车夏季护理——漆面护理

（1）清洗　用强力清洗剂对车身进行清洗。

（2）打蜡　用打蜡海绵蘸取适量车蜡，以画小圆圈旋转的方式均匀涂蜡，如图 5-22 所示。

（3）抛蜡　待车蜡干燥后，用柔软干燥毛巾沿直线方向擦拭，如图 5-23 所示。

（4）清理　将车灯、车牌、车门和行李舱等处缝隙中的残留车蜡彻底清除干净。

图 5-22　打蜡

图 5-23　抛蜡

3. 汽车夏季护理——轮胎护理

（1）胎压检查　轮胎气压要定期使用气压表测量，不可只靠肉眼判断（注：必须在轮胎冷却时测量。检查完轮胎气压后，用肥皂液涂在气嘴上，查看是否漏气）。

（2）轮胎表面的检查　检查是否被钉子、铁屑、玻璃碎片和石头等硬物刺穿或被其他撞伤；检查轮胎的磨损状况，如图 5-24 所示。

（3）轮胎清洗　选用轮胎清洁剂清洗轮胎。

4. 汽车夏季护理——制动系统的护理

（1）制动蹄片检查　检查制动蹄片是否需要更换。

（2）制动蹄片清洁　使用制动及零件清洁剂，距离制动蹄片 20cm 反复清洗，逐一清除蹄片上的油污和其他污物，如图 5-25 所示。

图 5-24　轮胎表面检查

图 5-25　清洁制动蹄片

（3）制动分泵的清洁　清洗制动分泵钳体表面和制动分泵轴，反复清洗，如图 5-26 所示。

5. 汽车冬季护理——风窗玻璃的护理

1）清洁风窗玻璃，并且擦干，如图 5-27 所示。

2）将玻璃清洁防雾剂于离玻璃 15~20cm 处薄薄地喷涂在玻璃表面。

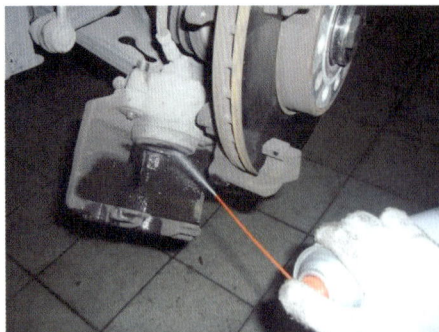

图 5-26　清洁制动分泵

图 5-27　清洁风窗玻璃

3）用附带的带纤维布轻轻地将玻璃清洁防雾剂涂开，待其自然挥发即可。清洁后的风窗玻璃如图 5-28 所示。

6. 汽车冬季护理——汽车底盘的护理

（1）清洗　将施工车辆开进洗车房进行全车清洗，并拆除附件。

（2）遮盖　对于不能进行护理的部位，如发动机油底壳、变速器外壳和进排气歧管等进行遮盖。

图 5-28　清洁后的风窗玻璃

（3）喷涂　用高压喷枪将底盘装甲各组分材料均匀喷涂在汽车底盘上，喷涂 3~4 遍，厚度约为 3mm。

（4）干燥　喷涂完成后需干燥 2~4h 才可以投入使用，但完全干燥还需要等待 3 天。

7. 汽车冬季护理——汽车坐垫的护理

1）对真皮坐垫进行清洗，如图 5-29 所示。

2）使用真皮护理剂对真皮坐垫进行护理、上光，如图 5-30 所示。

图 5-29　清洗真皮坐垫

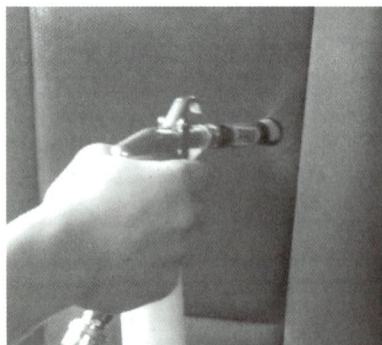

图 5-30　上光

8. 完工检查

1）检查汽车护理情况。

2）整理、清洁所有使用到的工具、用品和设备。按照 5S 要求，清洁使用过的工具、用品和设备并按规定摆放。

3）处理废弃物。

考核评价

汽车夏季护理和冬季护理考核标准

考核时间：120min　考核总分：100分

考 核 项 目	评 分 标 准	得　分
一、工作准备（10分）		
1. 穿着工作服、安全鞋	未穿着工作服扣2分，未穿着安全鞋扣2分	
2. 准备并清点实训用品及工具	工具准备不正确，每项扣2分；未做，扣2分	
3. 场地及教具准备	场地及教具准备不正确，每项扣2分	
二、汽车夏季护理——漆面护理（15分）		
1. 清洗	未清洗或者清洗不全面扣3分	
2. 打蜡	未打蜡或者打蜡不正确扣5分	
3. 抛蜡	未抛蜡或者抛蜡不正确扣5分	
4. 清理	未清理或者清理不干净扣2分	
三、汽车夏季护理——轮胎护理（10分）		
1. 胎压检查	未进行胎压检查或者检查不准确扣3分	
2. 轮胎表面检查	未进行轮胎表面检查或者检查不正确扣4分	
3. 轮胎清洗	未进行轮胎清洗或者清洗不干净扣3分	
四、汽车夏季护理——制动系统的护理（15分）		
1. 制动蹄片检查	未进行制动蹄片检查或者检查不正确扣5分	
2. 制动蹄片清洁	未进行制动蹄片清洁或者清洁不彻底扣5分	
3. 制动分泵清洁	未进行制动分泵清洁或者清洁不彻底扣5分	
五、汽车冬季护理——风窗玻璃的护理（15分）		
1. 清洁风窗玻璃	未进行风窗玻璃清洁或者清洁不干净扣5分	
2. 喷涂防雾剂	未喷涂防雾剂或者喷涂不全扣5分	
3. 自然干燥	未进行自然干燥扣5分	
六、汽车冬季护理——汽车底盘的护理（15分）		
1. 清洗	未按要求清洗或者清洗不彻底扣3分	
2. 遮盖	未按要求遮盖或者遮盖不全扣5分	
3. 喷涂	未按要求喷涂或者喷涂不正确扣5分	
4. 干燥	未进行干燥扣2分	
七、汽车冬季护理——汽车坐垫护理（10分）		
1. 清洗真皮坐垫	未按要求清洗真皮坐垫或者清洗不正确扣5分	
2. 真皮坐垫护理	未按要求进行真皮坐垫护理扣5分	
八、完工检查（10分）		
1. 检查汽车护理情况	未检查汽车护理情况扣5分	
2. 整理、清洁所有护理用品、工具和设备	未做扣5分	
合计		

课 后 测 评

一、填空题

1. 汽车日常护理的内容中，以清洁（汽车外表面、车内各部位）、补给（燃料、机油和水、蓄电池电解液）和安全检视为中心内容，坚持"三检"，即_____、_____、_____。

2. 汽车日常护理中，行车中的维护主要包括_____、_____和_____。

3. 汽车夏季护理主要包括_____、_____、_____、_____和_____。

4. 汽车冬季护理主要包括_____、_____、_____、_____和_____。

二、判断题

1. 汽车夏季护理时应注意防止发动机过热、防止燃油气阻。　　　　　　　　（　　）

2. 汽车夏季护理时应注意空调的正确使用。　　　　　　　　　　　　　　（　　）

3. 汽车冬季护理时应注意车身及底盘封釉，做好整车防腐工作。　　　　　（　　）

三、简答题

1. 汽车夏季护理的特点有哪些？

2. 汽车冬季护理的特点有哪些？

3. 汽车冬季护理应注意什么？

项目六　汽车车身附件的拆装与更换

任务一　车窗玻璃的拆装与更换

任务目标

1. 了解汽车车窗玻璃的分类。
2. 掌握车窗玻璃的拆装及更换方法。
3. 掌握车窗玻璃升降器的拆装及更换方法。
4. 培养学生团队合作、敬业奉献的精神。

任务描述

一辆哈弗 M6 轿车，行驶里程为 100000km。夜间行驶时，前照灯的亮度足够，但由于玻璃氧化且长久不做玻璃清洁，致使风窗玻璃透光率下降，最终导致了一场交通事故。

知识储备

一、汽车车窗玻璃

车窗玻璃为驾驶人及乘员提供清晰的视野，具有挡风，防止异物侵入，保护乘员安全的作用。随着汽车的不断发展，玻璃技术已经完全渗入汽车行业中，成为汽车技术领域中不可或缺的一部分。作为汽车被动安全设施之一，汽车玻璃必须满足以下安全条件：良好的视线，足够的强度，意外事故时对乘员起到保护作用。

1. 汽车玻璃的分类

常见的汽车玻璃有调质（钢化）玻璃和压层玻璃两种。

（1）调质玻璃　调质玻璃是将普通玻璃板加热与淬火而成的，其内部存有内应力，这种内应力使玻璃具有很高的抵抗物理冲击的能力，调质玻璃的抗力比普通玻璃高出 4 倍，在受到强大冲击时，会碎成粒状，不会对人产生伤害。

（2）压层玻璃　压层玻璃是由两块普通玻璃胶合而成的，中间夹有一层薄膜，经强力胶压制而成。当它破裂时，会形成特殊形状和大小的碎片，中间夹的薄膜可以防止石块或其他飞掷物穿透另一层玻璃，也能防止碎玻璃飞溅。压层玻璃可以保证驾驶所需的最小能见度。

2. 新型汽车玻璃

传统的汽车玻璃具有良好的光学和力学性能，随着科学技术的进步以及汽车玻璃工业的发展，各种新型汽车玻璃不断涌现，除了具有上述功能外，还能满足许多特殊的需求。

（1）镀膜防污玻璃　利用特殊的化学手段在玻璃表面镀上纳米级疏水防护膜，使玻璃表面张力降低，水滴形成水珠并迅速滑落；同时，灰尘、油污等污渍难以附着其上，容易被水冲走或用湿布擦除。

（2）憎水性玻璃　由憎水性玻璃制成的汽车车窗，可提高驾驶人在雨天对车外信息的可见度。一般在驾驶室前面的风窗玻璃外侧表面，采用有机氟树脂作为憎水剂进行涂敷，涂膜有几至几十纳米厚，当汽车以 50~60km/h 的速度行驶时，玻璃表面的雨滴即可飞溅离开。憎水剂有机氟树脂不能永久保持，需定期对玻璃进行涂敷，才能维持憎水效果。

（3）电热风窗玻璃　电热风窗玻璃是在组合玻璃的车内侧玻璃表面涂敷透明的导电膜构成的。由于在透明导电膜上通电对玻璃加热，可将玻璃上面的冰霜融化或防止玻璃模糊，因此它在高寒地区的冬季行车时非常适用。

（4）紫外线阻断玻璃　由于大气臭氧层空洞的扩大，为防止紫外线将汽车玻璃烤晒、老化、变形、破碎而研制出了这类玻璃。

（5）隐蔽玻璃　隐蔽玻璃是休闲汽车后门常用的着色玻璃的总称。这类玻璃有涂敷型和本体型之分。涂敷型因反射率高，呈现出反射镜调谐外观。本体型中有着色剂组分，其反射率与普通玻璃相同。

二、车窗玻璃升降器

现在许多轿车门窗玻璃的升降（关闭和开启）已经废弃了摇把式的手动升降方式，都改用按钮式的电动升降方式，即使用电动玻璃升降器。

1. 车窗玻璃升降器的分类

（1）单臂式玻璃升降器　单臂式玻璃升降器主要由玻璃托架、摆臂、平衡弹簧和齿扇组成。它的结构特点是只有一个升降臂，结构最简单，该结构只适用于玻璃两侧为平行直边的情况。

（2）悬臂式玻璃升降器　悬臂式玻璃升降器采用悬臂式支承结构及齿轮齿板机构，故工作阻力较大。它的传动机构为齿轮齿板，啮合传动，除齿轮外其主要构件均为板式结构，加工方便，成本低，在目前我国车辆上使用较为普遍。

（3）双臂式玻璃升降器　双臂式玻璃升降器的结构特点是具有两个升降臂，依两臂的布置方式分为平行臂式玻璃升降器和交叉臂式玻璃升降器。与单臂式玻璃升降器相比，双臂式玻璃升降器本身可保证玻璃平行升降，提升力也比较大。交叉臂式玻璃升降器支承宽度较大，故运动比较平稳，因此被普遍采用；而平行臂式玻璃升降器结构相对比较简单、紧凑，但由于支承宽度较小，工作载荷变化较大，因而运动平稳性不如前者。

（4）绳轮式玻璃升降器　绳轮式玻璃升降器由小齿轮、扇形齿轮、钢丝绳、运动托架、滑轮、带轮和座板齿轮组成。

驱动固联于扇形齿轮的带轮，从而带动钢丝绳，钢丝绳的松紧度可利用张紧轮进行调节。该升降器所用零件少、自身重量轻、便于加工、所占空间小，常用于小型轿车。

（5）带式玻璃升降器　带式玻璃升降器的运动软轴采用塑料穿孔带，其他零件也多采用塑料制品，从而大大减轻了升降器总成的自身重量。其传动机构中均涂以润滑脂，使用过程中无须维护保养，运动平稳；摇把手柄的位置可自由布置、设计、安装和调整。

（6）叉臂式玻璃升降器　叉臂式玻璃升降器是由座板、平衡弹簧、扇形齿板、胶条、玻璃托架、主动臂、从动臂、导向槽板、垫片、动弹簧、摇把和小齿轮轴组成的。

（7）软轴式玻璃升降器　软轴式玻璃升降器主要由摇窗电动机、软轴、成形轴套、滑动支座、支架机构以及护套等组成。当电动机旋转时，输出端上的链轮与软轴外轮廓啮合，带动软轴在成形轴套内移动，从而使与门窗玻璃相连接的滑动支座沿着支架机构中导轨上下运动，达到升降玻璃的目的。

2. 车窗玻璃升降器的作用

1）调整汽车门窗开度的大小，故玻璃升降器又称为门窗调整器或摇窗机构。

2）保证车门玻璃升降平稳，门窗能随时顺利开启和关闭。

3）当升降器不工作时，玻璃能停留在任意位置上。

任务实施

1. 操作准备

1）1号作业人员（简称1号）位于工位前方，进行操作准备。2号作业人员（简称2号）检查防护用品、工具的摆放，传递防护用品和工具递给1号，整理1号不用的防护用品和工具，如图6-1所示。

2）1号将汽车车门打开，如图6-2所示。当打开车门时，不能用裸手接触漆面，防止汗液等腐蚀金属表面。

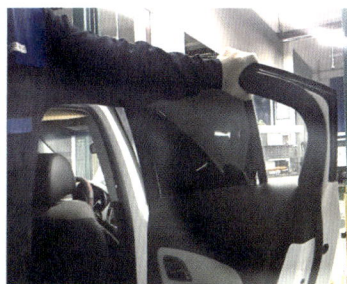

3）1号扶住汽车车门边框将车门完全打开，如图6-3所示。

4）1号打开发动机舱盖，并将蓄电池负极端子电缆拆下，如图6-4所示。

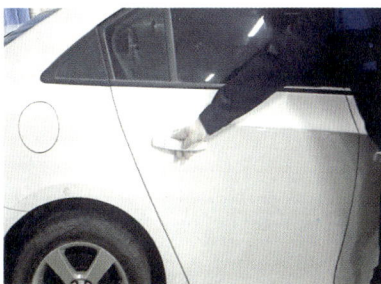

| 图6-1　操作准备 | 图6-2　打开车门 | 图6-3　完全打开车门 |

2. 车门内把手及扶手座总成拆卸

1）2号将小号一字螺丝刀递给1号。

2）1号使用小号一字螺丝刀撬开内拉手装饰扣，如图6-5所示。

3）2号将十字螺丝刀递给1号。

4）1号使用十字螺丝刀拆卸内拉手装饰扣螺钉，如图6-6所示。

| 图6-4　拆下蓄电池电缆 | 图6-5　撬开内拉手装饰扣 | 图6-6　拆卸内拉手装饰扣螺钉 |

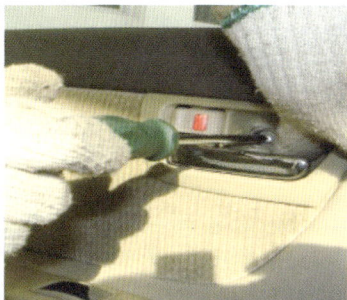

5）1 号使用十字螺丝刀拆卸车门装饰板扶手座上板螺钉，并将螺钉取下，如图 6-7 所示。

6）1 号使用一字螺丝刀将车门扶手座上板从端部轻轻撬开，如图 6-8 所示。

①扶手座上板采用卡扣方式与车门装饰板相连接，卡扣方式有铁片式和塑料扣式两种。

②撬动时，最好从铁片端进行撬动，其有一定的弹性，不容易损坏。

7）1 号将车门扶手座上板拉起，并取下车门扶手座，如图 6-9 所示。

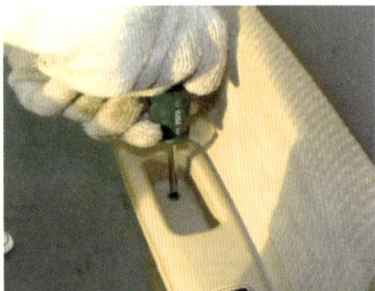

图 6-7　拆卸车门装饰板
扶手座上板螺钉

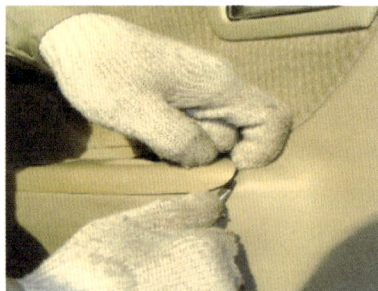

图 6-8　撬起扶手座上板

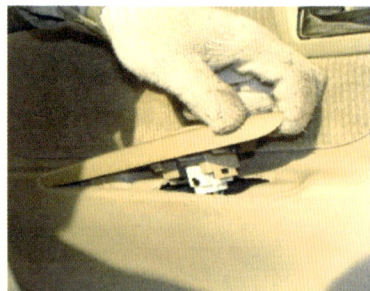

图 6-9　取下扶手座上板

8）1 号将玻璃升降器线束插接器与控制开关分离，如图 6-10 所示。

如果插接器连接较紧密，可用一字螺丝刀顶住插接器卡扣，并将插接器与控制开关分离。

3. 拆卸防水保护膜（隔声膜）

1）2 号将十字螺丝刀递给 1 号。

2）1 号使用十字螺丝刀将两个扶手支架固定螺钉拆除，如图 6-11 所示。

3）1 号双手握住内把手分总成两端，向卡扣相对方向拉出，将内把手分总成取下，如图 6-12 所示。

图 6-10　拔下插接器

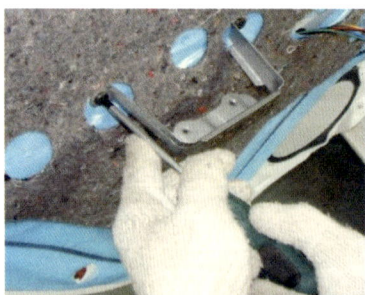

图 6-11　拆下固定螺钉

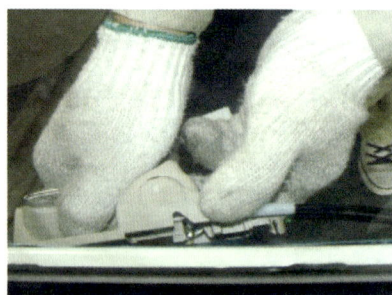

图 6-12　取下内把手分总成

4）1 号将内把手车门锁止拉索和内侧锁止拉索取下，如图 6-13 所示。

注：车门锁止遥控拉索和内侧锁止拉索有两处固定扣装置，先将塑料固定扣分离，再将拉索与门把手分总成分离。

5）1 号使用铲刀将丁基胶带割开，使防水隔声膜与车门内板分离，如图 6-14 所示。

6）1 号将车门锁止拉索、内侧锁止拉索和玻璃升降器控制开关插接器从防水隔声膜孔中抽出，如图 6-15 所示。

4. 拆卸车窗玻璃

1）2 号将一字螺丝刀递给 1 号。

2）1 号使用一字螺丝刀撬起腰线防护条总成头部的固定卡扣，并轻轻地将腰线防护条总成向上提拉，如图 6-16 所示。

3）1 号双手握住腰线防护条总成，将腰线防护条沿总边框拉起，并取下，如图 6-17 所示。

4）1 号从上边角拉起玻璃升降槽，并将玻璃升降槽从车门框内取下，如图 6-18 所示。

图 6-13　取下内把手拉索　　　图 6-14　铲下丁基胶带　　　图 6-15　抽出拉索及插接器

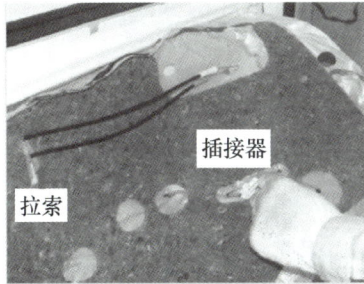

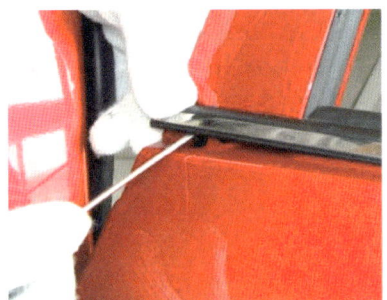

图 6-16　撬起固定卡扣　　　图 6-17　取下防护条　　　图 6-18　取下玻璃升降槽

5）2 号将十字螺丝刀递给 1 号。

6）1 号将门窗分隔条上端的车门密封条拉起，使用十字螺丝刀拧松上端门窗分隔条固定螺钉，并取下，如图 6-19 所示。

7）2 号将 ϕ10mm 套筒、接杆和棘轮扳手组合后传递给 1 号。

8）1 号使用 ϕ10mm 套筒、接杆和棘轮扳手组合拧松门窗分隔条下部固定螺栓 1 和 2，并取下，如图 6-20 所示。

注：当拆卸门窗分隔条固定螺栓时，注意要交叉均匀地分次拧松，防止变形。

9）1 号双手握住门窗分隔条轻轻往车门角窗相反方向掰动，并取下，如图 6-21 所示。

图 6-19　拆卸分隔条固定螺钉　　　图 6-20　拆卸固定螺栓　　　图 6-21　取下门窗分隔条

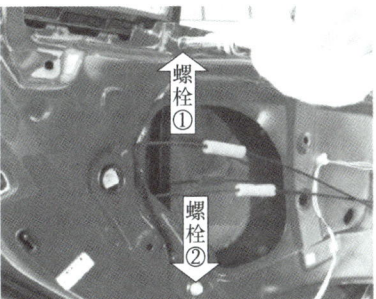

10）1 号双手握住车门角窗玻璃轻轻往车门角窗相反方向拉动，并取下车门角窗玻璃，如图 6-22 所示。

①将车门角窗玻璃和门窗密封条作为一个整体拆卸。

②拆卸过程中，如密封条配合过紧，可通过轻轻左右摇动车门角窗玻璃进行拆卸。

11）1号用手轻轻抬起车窗玻璃，使玻璃升降器滑块从车窗玻璃导轨槽分离，如图6-23所示。

① 分离滑块时，主要改变玻璃升降器连杆机构行程，注意行程位置。

② 拉线式玻璃升降器多采用螺栓联接方式。

12）1号用一手顶住车窗玻璃下方，另一手捏住车窗玻璃上方，将车窗玻璃从门框上方取出，如图6-24所示。

图 6-22　取下车门角窗玻璃　　　图 6-23　分离玻璃升降器滑块　　　图 6-24　取出车窗玻璃

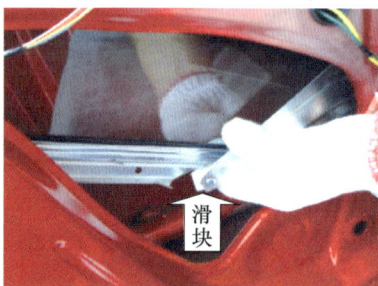

5. 拆卸玻璃升降器

1）1号使用一字螺丝刀，顶住玻璃升降器插接器卡扣，并拔出插接器，如图6-25所示。

2）1号使用 ϕ10mm 套筒、接杆和棘轮扳手组合拧松临时螺栓和3个固定螺栓，并取下3个固定螺栓，如图6-26所示。

3）1号将玻璃升降器从车门框中取出，如图6-27所示。

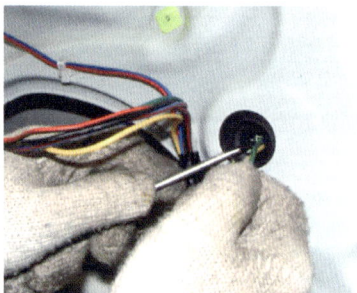

图 6-25　拔下玻璃升降器插接器　　　图 6-26　拆卸螺栓　　　图 6-27　取出玻璃升降器

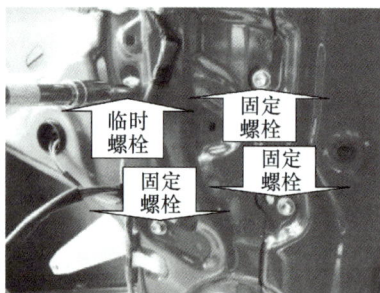

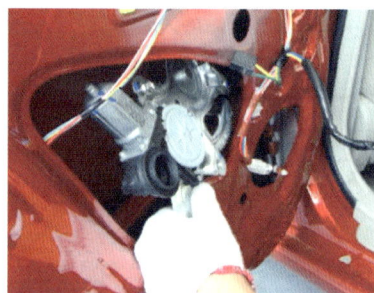

6. 安装玻璃升降器

1）1号将玻璃升降器放入车门框中，先将临时螺栓装回定位孔中，然后将其他3个固定螺栓用手拧入，如图6-28所示。

2）1号使用 ϕ10mm 套筒、接杆和棘轮扳手组合拧紧临时螺栓和3个固定螺栓。

① 当拧紧玻璃升降器螺栓时，注意要交叉均匀地分次拧紧，防止车门框变形。

② 螺栓拧紧力矩为8N·m。

3）1号将玻璃升降器插接器插入升降器电动机孔内，如图6-29所示。

4）2号将蓄电池负极电缆临时连接到蓄电池负极上。

① 蓄电池通电，主要为检查玻璃升降器是否能正常运行。

② 1号检查完玻璃升降器运行情况后，立即将蓄电池负极电缆拆下。

5）1号将玻璃升降器插接器插入玻璃升降器控制开关，并按动开关，检查玻璃升降器上、下的运行情况，如图6-30所示。

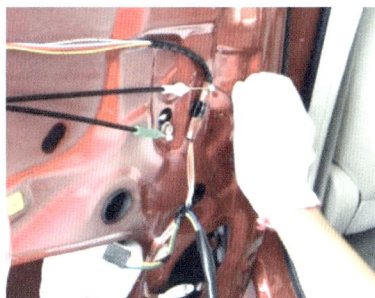

图 6-28　安装 3 个固定螺栓　　　图 6-29　安装玻璃升降器插接器　　　图 6-30　安装插接器

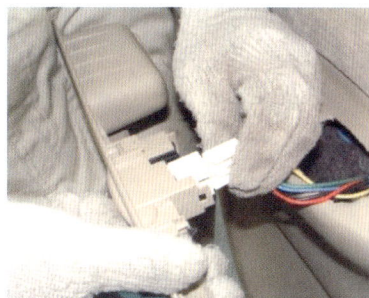

7. 安装车窗玻璃

1）1 号站在车门内侧，一只手握车窗玻璃上方，另一只手伸进车门内托住车窗玻璃下方。2 号辅助 1 号，将车窗玻璃缓慢装入车门框内，如图 6-31 所示。

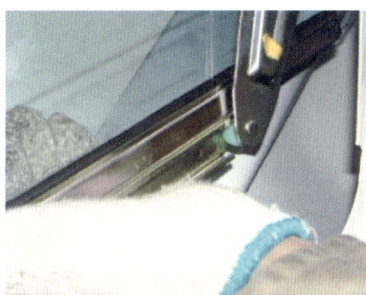

2）1 号将玻璃升降器滑块装入车窗玻璃导轨槽内，如图 6-32 所示。

① 安装滑块前，先在滑块和玻璃导轨槽内涂上一层薄锂基润滑脂。

② 玻璃升降器滑块装到玻璃导轨槽后，将其移到中间位置，并将玻璃升降器处于最下端位置。

3）1 号用身体顶住车门，将车门角窗玻璃沿车门角窗导轨槽装入，并用手拍紧，使门窗密封条与车门框完全接合，如图 6-33 所示。

图 6-31　安装车窗玻璃　　　图 6-32　将玻璃升降器滑块装入车　　　图 6-33　安装车门角窗
窗玻璃导轨槽内

4）1 号用手捏住门窗分隔条分总成上端，插入车门框内，导轨卡入门窗分隔条，如图 6-34 所示。

5）2 号将十字螺丝刀递给 1 号。

6）1 号使用十字螺丝刀预装门窗分隔条分总成上固定螺钉，如图 6-35 所示。

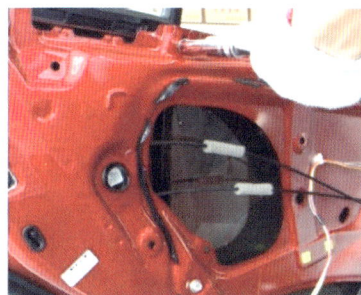

7）1 号用手调整门窗分隔条分总成，将螺栓孔对准车门框安装孔，然后将门窗分隔条分总成下方两个固定螺栓拧入，如图 6-36 所示。

图 6-34　安装门窗分隔条　　　图 6-35　预装门窗分隔条分总成上　　　图 6-36　安装门窗分隔条分总成下
固定螺钉　　　　　　　　方两个固定螺栓

8）1 号使用 ϕ10mm 套筒、接杆和扭力扳手拧紧门窗分隔条分总成两个固定螺栓。

① 当拧紧门窗分隔条固定螺栓时，注意要交叉均匀地分次拧紧，防止车门框和门窗分隔条分总成变形。

② 门窗分隔条分总成固定螺栓拧紧力矩为 6.2N·m。

9）1 号将玻璃升降槽沿车门框装入车门框槽内，如图 6-37 所示。

10）1 号将腰线防护条总成平放于车窗框上，用力往下按，将两端卡扣卡入车门槽内。

11）1 号将玻璃升降器插接器插入控制开关。

8. 清洁整理工位

1 号、2 号共同清理、整理工具等，清扫地面，如图 6-38 所示。

图 6-37　安装玻璃升降槽

图 6-38　整理工位

考核评价

汽车车窗玻璃及玻璃升降器拆装考核标准

考核时间：120min　考核总分：100 分

考核项目	评分标准	得分
一、工作准备（5 分）		
1. 穿着工作服、安全鞋	未穿着工作服扣 1 分，未穿着安全鞋扣 1 分	
2. 准备并清点实训用品及工具	工具准备不正确，每项扣 1 分；未做，扣 1 分	
3. 场地及教具准备	场地及教具准备不正确，每项扣 1 分	
二、车门内把手及扶手座总成拆卸（18 分）		
1. 拆卸蓄电池负极电缆	操作错误扣 3 分	
2. 使用一字螺丝刀撬开内拉手装饰扣	未正确拆除扣 3 分	
3. 使用十字螺丝刀拆卸内拉手装饰扣螺钉	未正确拆除扣 3 分	
4. 使用十字螺丝刀拆卸车门装饰板扶手座上板螺钉，并将螺钉取下	未正确取下扣 3 分	
5. 使用一字螺丝刀将车门扶手座上板从端部轻轻撬开	未正确拆除扣 3 分	
6. 将车门扶手座上板拉起，并取下车门扶手座	未正确取下车门扶手座扣 3 分	
三、拆卸防水保护膜（15 分）		
1. 使用十字螺丝刀将两个扶手支架固定螺钉拆除	未正确拆除扣 3 分	
2. 双手握住内把手分总成两端，向卡扣相对方向拉出，将内把手分总成取下	未正确取下扣 3 分	
3. 将内把手车门锁止拉索和内侧锁止拉索取下	未正确取下扣 3 分	

（续）

考 核 项 目	评 分 标 准	得　　分
4. 使用铲刀将丁基胶带割开，使防水隔音膜与车门内板分离	未正确分离扣 3 分	
5. 将车门锁止拉索、内侧锁止拉索和玻璃升降器控制开关插接器从防水隔音膜孔中抽出	未正确抽出扣 3 分	
四、拆卸车窗玻璃（24 分）		
1. 使用一字螺丝刀撬起腰线防护条总成头部的固定卡扣，并轻轻地将腰线防护条总成向上提拉	操作错误扣 3 分	
2. 取下防护条	未正确取下防护条扣 3 分	
3. 取下玻璃升降槽	未正确取下玻璃升降槽扣 3 分	
4. 使用十字螺丝刀拧松上端门窗分隔条固定螺钉，并取下	操作错误扣 3 分	
5. 使用 φ10mm 套筒、接杆、棘轮扳手组合拧松门窗分隔条下部固定螺栓	操作错误扣 3 分	
6. 拆卸车门角窗玻璃	未正确拆卸车门角窗玻璃扣 3 分	
7. 用手轻轻抬起车窗玻璃，使玻璃升降器滑块从车窗玻璃导轨槽分离	未正确分离扣 3 分	
8. 一手顶住车窗玻璃下方，一手捏住车窗玻璃上方，将车窗玻璃从门框上方取出	未正确取下车窗玻璃扣 3 分	
五、拆卸玻璃升降器（9 分）		
1. 拔出玻璃升降插接器	未正确拔出玻璃升降插接器扣 3 分	
2. 使用 φ10mm 套筒、接杆、棘轮扳手组合拆卸玻璃升降器固定螺栓	操作错误扣 3 分	
3. 将玻璃升降器从车门框中取出	未正确取出玻璃升降器扣 3 分	
六、安装玻璃升降器（8 分）		
1. 安装玻璃升降器固定螺栓	未正确安装玻璃升降器固定螺栓扣 2 分	
2. 将玻璃升降器插接器插入升降器电动机孔内	未正确安装插接器扣 2 分	
3. 蓄电池负极电缆临时连接到蓄电池负极上	操作错误扣 2 分	
4. 将玻璃升降器控制器插接器插入玻璃升降器控制开关，并按动开关，检查玻璃升降器上、下的运行情况	未正确检查玻璃升降器上下的运行情况扣 2 分	
七、安装车窗玻璃（16 分）		
1. 将玻璃升降器滑块装入车窗玻璃导轨槽内	未正确安装玻璃升降器滑块扣 2 分	
2. 将门角窗玻璃沿车门角窗导轨槽装入，并用手拍紧，使门窗密封条与车门框完全接合	未正确安装车门角窗扣 2 分	
3. 安装门窗分隔条	未正确安装门窗分隔条扣 2 分	
4. 使用十字螺丝刀预装门窗分隔条分总成上固定螺钉	未正确安装固定螺钉扣 2 分	
5. 安装门窗分隔条分总成下方两个固定螺栓	未正确安装固定螺栓扣 2 分	
6. 安装玻璃升降槽	未正确安装玻璃升降槽扣 2 分	
7. 安装腰线防护条	未正确安装腰线防护条扣 2 分	
8. 将玻璃升降器插接器插入控制开关	未正确将玻璃升降器插接器插入控制开关扣 2 分	
八、完工检查（5 分）		
1. 检查车窗玻璃及玻璃升降器安装情况	未检查车窗玻璃及玻璃升降器安装情况扣 2 分	
2. 整理、清洁所有用品、工具和设备	未做扣 3 分	
合计		

任务二 车门附件的拆装与更换

任务目标

1. 了解汽车门锁机构的分类。
2. 掌握汽车门锁机构的拆装及更换方法。
3. 掌握汽车门锁机构的功能。
4. 了解汽车后视镜的分类。
5. 掌握汽车后视镜的拆装及更换方法。
6. 培养学生养成共同协作的习惯，在学习中敢担当、能吃苦的品质。

任务描述

有一位车主，其车辆使用了多年。在一次停车后，想要打开车门时，发现驾驶位的车门无论用钥匙插入机械锁孔还是按遥控钥匙都无法打开。经过检查，发现是因为车门内部的锁芯老化、损坏。长时间的使用导致锁芯内的弹片等零部件磨损，因此无法正常工作。

知识储备

一、车门锁

汽车门锁系统是一个装在车门及其立柱上能将车门可靠锁紧并通过其内部机构实现开启及锁止功能的装置，是一个非常重要的车身附件，具有安全防护的作用。汽车门锁系统既要保证车门正常使用中的可靠锁紧，防止车门意外/无意识打开，又要保证车门需要时能顺利打开，确保在正常或有紧急情况发生时通行，以免造成生命伤亡和财产损失，属于安全法规件，也称为终端闭合功能件。

1. 汽车门锁的分类

汽车门锁可分为机械锁、普通电动锁和超级锁3种。

（1）机械锁　机械锁的锁止/解止及开启动作均由手动操作完成，按结构分有舌簧式门锁、钩簧式门锁和卡板式门锁。

（2）普通电动锁　普通电动锁的锁止/解止、开启、关闭及儿童锁动作可由电动控制完成。

（3）超级锁　超级锁在普通电动锁的基础上实现将锁止/解止系统锁定，使其处于锁止状态，在不用钥匙或遥控器的情况下无法使用内开打开车门。

2. 汽车门锁系统的组成

一般的汽车门锁系统由锁体、内开操纵机构、外开操纵机构、内锁止/解止操纵机构、外锁止/解止操纵机构和锁销/锁扣/挡块等组成。

3. 汽车门锁的功能

汽车门锁系统的功能是车门可靠地锁紧或安全地打开，当车门锁紧的时候不会因汽车振动、碰撞或者其他情况而意外将车门打开，导致意外发生。汽车门锁系统可实现的基本功能如下：

（1）内开启功能　当门锁处于锁紧位置且为解止状态时，操作内开操纵机构，使卡板与止动爪脱离啮合状态，实现门锁开启的功能。在实际使用中，通过操作内手柄将动作传递到锁体，释放卡板实现门锁开启，车门被打开。

（2）外开启功能　当门锁处于锁紧位置且为解止状态时，操纵外开操纵机构，使卡板与止动爪脱离啮合状态，实现门锁开启的功能。在实际使用中，通过操作外手柄将动作传递到锁体，释放卡板实现门锁开启，车门被打开。

（3）内锁止/解止功能　当门锁处于全锁紧位置时，操作内锁止/解止机构，使门锁处于锁止或解止状态。当门锁处于锁止状态时，操作内、外开操纵机构均不能将门锁开启，保证车门不会出现无意识打开。

（4）外锁止/解止功能　当门锁处于全锁紧位置时，操作外锁止/解止机构，使门锁处于锁止或解止状态。当门锁处于锁止状态时，操作内、外开操纵机构均不能把车门打开。

（5）锁紧功能　当门锁受到关闭车门等外力作用时，锁体与锁销啮合，实现锁紧功能。从安全、可靠性方面考虑门锁应有一个全锁紧位置和一个半锁紧位置。

（6）防误锁功能（一般适用于驾驶人门锁）　当门锁处于开启位置，无论门锁处于锁止还是解止状态，当正常操作门锁使卡板与止动爪啮合（如关闭车门）实现门锁锁紧时，在防误锁机构的作用下门锁都处于解止状态。

（7）儿童锁功能（一般适用于后门锁）　当儿童安全保险机构处于锁止位置时，操作内开操纵机构不能使门锁开启，但操作外开操纵机构必须能将门锁开启。

（8）电动锁止/解止功能　通过闭锁器的正反转实现锁体的锁止和解除锁止动作。

（9）一次拉动内开启功能　当门锁处于锁止状态时，在车内拉动内手柄一次，使门锁回到解止位置的同时打开车门，即此类门锁没有内锁功能。

（10）二次拉动内开启功能　当门锁处于锁止状态时，在车内拉动内手柄一次，使门锁回到解止位置，松开内手柄后再次拉动内手柄，车门打开。

（11）紧急锁止功能　在门锁没有内锁的情况下，当电路出现问题时，机械拨动紧急锁止机构，断开外开启机构，关闭车门后使门锁不能从外部打开。

（12）超级锁功能　在超级锁止状态下，副电动机反向加电，防盗机构退回，使安全部件解除止动，实现超级解止功能。在超级解止状态，内开能够开锁，外开不能开锁。

（13）电动开启功能　在电动机驱动下，使门锁卡板处于释放状态，与止动爪脱离啮合，从而使车门自动打开。此项功能一般用于滑门。

（14）电动拖入卡板功能　锁扣上装有电动机，当车门还未完全关上时，锁扣上电动机驱动锁扣将卡板拖入，实现锁紧功能。

（15）电动儿童锁功能　在儿童锁机构中装有电动机，电动机驱动儿童安全保险机构至锁止位置，断开门锁内开机构，使儿童无法从内部打开车门，而在车门外可以操纵外手柄打开车门。

（16）开/关门指示功能　在闭锁器中有一微动开关，当卡板在啮合位置时，与微动开关相脱离，此时在车内仪表盘处显示灯不亮，指示车门在关闭状态。当卡板在脱离啮合位置处于半锁或全开启位置时，压动与微动开关，此时在车内仪表盘处显示灯亮，指示车门在打开状态。

（17）无钥匙出入功能　高端轿车上使用的一种功能，在外手柄中镶嵌触摸感应系统，驾驶人带有感应芯片，在距离车辆较近距离内，无须使用钥匙即可开启车门。此项功能要求门锁反应时间为50ms。

4. 汽车门锁的结构

EQ6380门锁为内置式机械门锁，接下来主要介绍该种类型的门锁。该门锁锁体为整体式设计，从结构上可分为三层，如图6-39所示：第一层为盖板，第二层为爪支座（塑料本体）部件，第三层为基板部件（锁体部件）。第一层与第二层构成锁体的锁紧机构，用以实现锁紧功能。第三层由释放机构（转换杠杆）、内/外开启机构、锁止/解止机构、内锁止/解止机构、外锁止/解止机构及防误锁机构等组成，实现内、外开启功能及内、外锁止／解止功能，防误锁机构通过止动爪（锁块）的状态反馈实现防误锁功能。

盖板和爪支座作为门锁结构件用来支撑和固定功能零部件，如图6-40所示，卡板（锁栓）和止动爪（锁块）通过各自的转轴被固定在盖板和爪支座（塑料本体）之间，并可以绕各自的转轴转动。爪支座结构（图6-41）的沟槽设计用来固定卡板（锁栓）和止动爪（锁块）回位弹簧，为了有效地降低噪声，在爪支座（塑料本体）上安装了橡胶材料制作的缓冲块，滑块在关门过程中随锁销的运动沿导向轴滑动，在全锁和半锁状态下通过自身的斜面结构对锁销上、下方向进行限位，减小车门在运动过程中上、下方向的晃动。

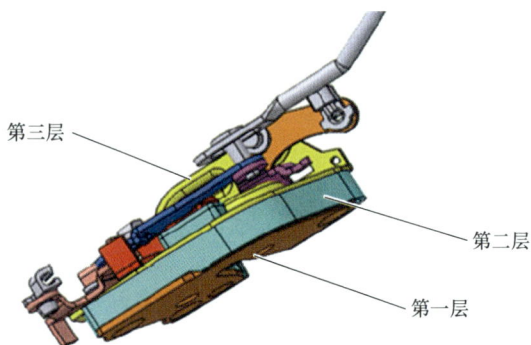

图 6-39　内置式机械门锁

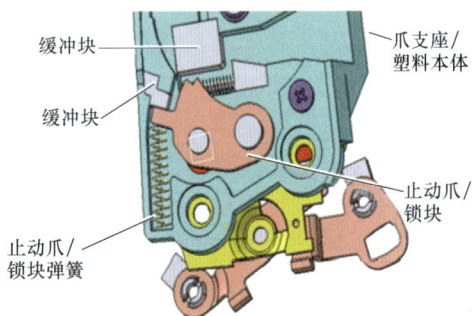

图 6-40　门锁结构

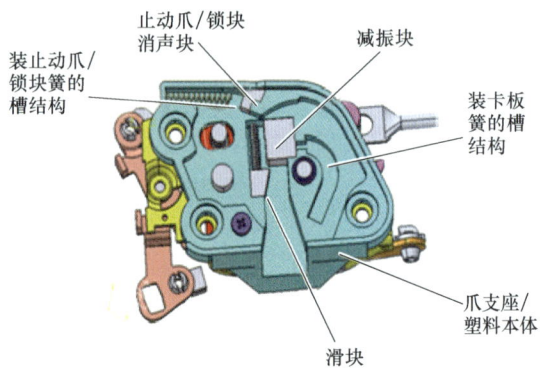

图 6-41　爪支座结构

第三层为基板部件（图6-42），该部分以基板为基础，门锁的释放机构、锁止／解止机构及内、外开启机构等，均通过铆轴被固定在基板上。当门锁的基板部件装配完毕，再与爪支座部件组装，最后将盖板装配在爪支座上，并通过螺钉实现和第三层基板部件的连接。

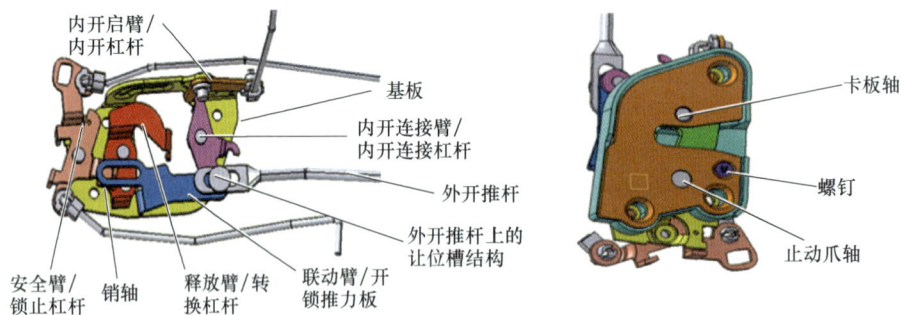

图 6-42　基板部件

防误锁功能结构设计（图6-43）：当门锁处于开启状态时，该型门锁可以通过内、外锁止／解止机构实现门锁的锁止，但是当门锁关闭时，可以自动将锁止／解止机构推动到解止状态。具体实现方式如下：门锁处于开启位置，安全臂处于锁止状态下，当关闭门锁时，卡板转动，推动止动爪转动，止动爪拨动释放臂顺时针转动，释放臂在转动过程中推动联动臂，联动臂拨动安全臂使其到解止状态，自动解除了门锁的锁止。这种防误功能对于门锁的结构有很好的保护功能，避免不当操作对门锁的损坏。

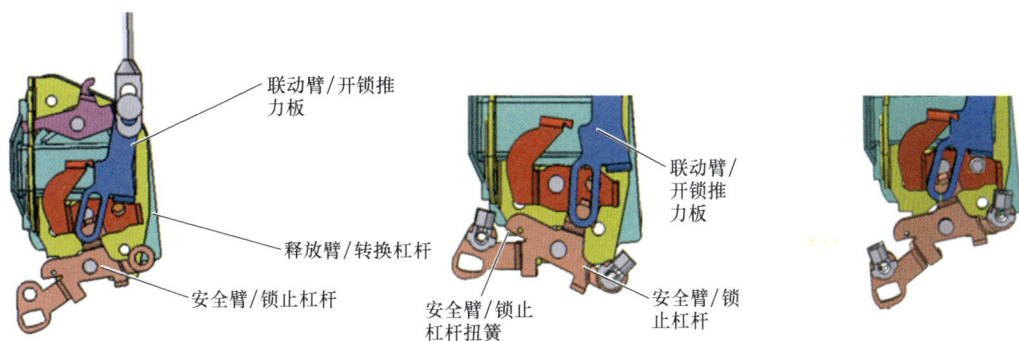

图 6-43　防误锁功能结构设计

二、汽车后视镜

汽车后视镜位于汽车头部的左、右两侧，以及汽车内部的前方。汽车后视镜反映汽车后方、侧方和下方的情况，使驾驶人可以间接看清楚这些位置的情况，它起着"第二只眼睛"的作用，扩大了驾驶人的视野范围。

1. 后视镜的分类

后视镜按安装位置划分有外后视镜、下后视镜和内后视镜。外后视镜反映汽车后侧方，下后视镜反映汽车前下方，内后视镜反映汽车后方及车内情况。

用途不一样，镜面结构也会有所不同。一般后视镜镜面主要有两种，一种是平面镜，另一种是凸面镜。凸面镜镜面呈球面状，具有大小不同的曲率半径，它的影像比目视小，但视野范围大，类似于相机"广角镜"的作用，这种凸面镜常用作外后视镜和下后视镜。

2. 调整方法

（1）调整中央后视镜　中央后视镜调整要领：水平摆中间、耳际放左边。远方的水平线横置于中央后视镜的中线位置，然后再移动左右，让自己右耳的影像刚好处于镜面的左缘。

（2）调整左侧后视镜　左侧后视镜调整要领：把水平线置于后视镜的中线位置，然后把车身的边缘调到占据镜面影像的 1/4 处。

（3）调整右侧后视镜　右侧后视镜调整要领：把水平线置于后视镜的 2/3 位置，然后把车身的边缘调到占据镜面影像的 1/4 处。

3. 正确使用方法

1）当停车、起步、超车、转弯和掉头等行驶路线将要发生变化时，都先给出相应的行车信号，同时一定要注意观察后视镜，及时了解两侧和后方的交通情况，防止在出现突发情况时措手不及。

2）行车前要调整好后视镜的位置和角度。行车中，由于车辆的行驶振动，易引起后视镜的位置和角度变化，对此应注意观察并及时调整。

3）在通过集市、交叉路口等行人、车辆较多的地方，要缓慢行进，注意观察后视镜。

4）在通过两边有非机动车或行人的窄路、窄桥时，要减速慢行，适当注意后视镜；要和非机动车或行人保持必要的横向间距。

5）多注意和前车保持必要的安全距离，还要通过后视镜观察、判断后面车辆的跟车距离，在处理情况时做到心中有数，以免发生追尾事故。

6）在预见性制动前，要观察车后视镜，注意后面车辆的位置和相对行驶速度，再决定采取的制动措施，以防制动时追尾。

7）在通过交叉路口时，交通冲突较多，要降低车速，注意观察两侧行人和车辆情况，在保证安全的前提下顺利通过。

任务实施

操作准备及拆装门锁机构前、后其他操作的具体内容同任务一中任务实施的操作准备、车门内把手及扶手座总成拆卸、拆卸防水保护膜（隔声膜）、拆卸车窗玻璃、拆卸玻璃升降器。

1. 拆卸门锁总成

1）2号将"TORX"梅花套筒扳手（T30）递给1号，如图6-44所示。

2）1号使用"TORX"梅花套筒扳手（T30）拧松门锁机构总成与车门框的3个固定螺栓，并取下，如图6-45所示。

3）2号将ϕ10mm套筒、接杆和棘轮扳手组合后传递给1号。

4）1号使用ϕ10mm套筒、接杆和棘轮扳手组合拧松门锁机构总成固定支架的两个固定螺栓，并取下，如图6-46所示。

5）1号将内侧锁止拉索总成和锁止遥控拉索总成从固定卡扣上拆下，如图6-47所示。

6）1号将门锁机构总成向下移动，将分离板从外把手框中拉出，并取下门锁机构总成，如图6-48所示。

7）1号使用一字螺丝刀顶住插接器锁止扣，使门锁机构总成与插接器分离，如图6-49所示。

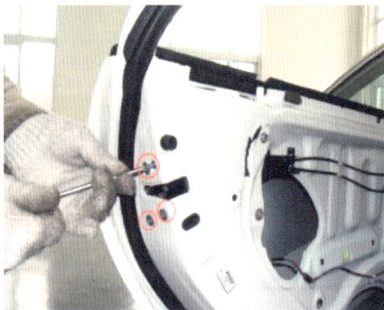

图6-44 递梅花套筒扳手	图6-45 拆卸门锁机构总成与车门框的固定螺栓	图6-46 拆卸门锁机构总成固定支架的固定螺栓

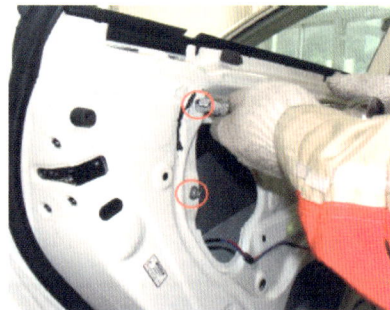

图6-47 拆卸拉索总成	图6-48 取下门锁机构总成	图6-49 拔下插接器

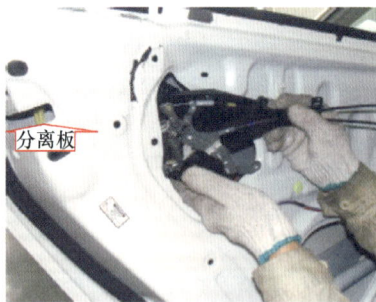

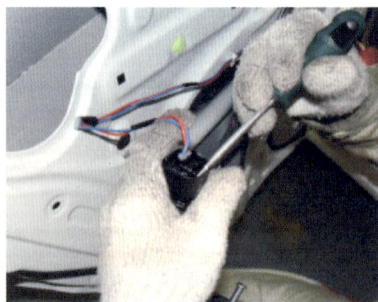

2. 拆卸外把手总成

1）2号将"TORX"梅花套筒扳手（T30）递给1号。

2）1号使用"TORX"梅花套筒扳手（T30）将外把手前装饰盖固定螺栓拧松，并取下，如图6-50所示。

3）1号使用"TORX"梅花套筒扳手（T30）将外把手框分总成固定螺栓2号拧松，并取下，如图6-51所示。

4）1号将外把手总成向外把手前装饰盖方向轻轻拉动，然后向外取出，如图6-52所示。

5）1号将外把手框分总成从车门框中取出，如图6-53所示。

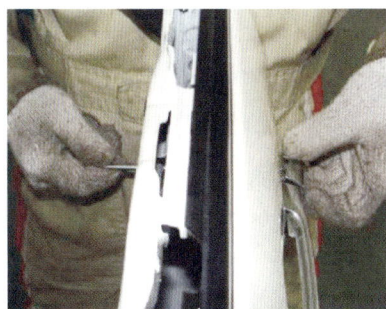

图6-50　拆卸外把手前装饰盖
固定螺栓

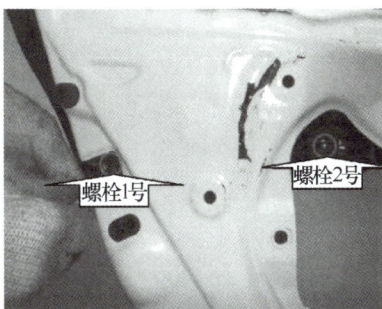

图6-51　拆卸外把手框分总成
固定螺栓2号

图6-52　取出外把手总成

① 将外把手框分总成取出时，注意门框周围，防止外把手框分总成碰撞、损伤漆膜。

② 分离板与分把手框总成连接在一起，取出时防止损坏。

6）1号将外把手总成密封垫取下，如图6-54所示。

7）1号将外把手前装饰盖密封垫取下，如图6-55所示。

图6-53　取出外把手框分总成

图6-54　取出外把手总成密封垫

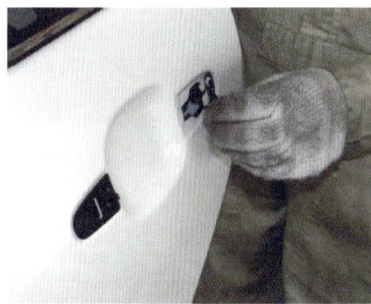

图6-55　取出外把手前装饰
盖密封垫

注：密封垫的固定由前、后两个卡爪扣于车门外板孔内，拆卸时，注意用力要适当，防止损坏。

3. 安装外把手总成

1）1号安装外把手前装饰盖密封垫。

注：将前装饰盖密封垫定位销装入车门外板定位孔内，并使密封垫与车门外板孔边缘完全贴合，防止雨水渗入。

2）1号安装外把手总成密封垫。

注：将外把手总成密封垫定位销装入车门外板定位孔内，并使密封垫与车门外板孔边缘完全贴合，防止雨水渗入。

3）1号将外把手框分总成放入车门框中，并对准螺栓孔位置。

注：外把手框分总成放入前，在滑动部位涂抹通用润滑脂。

4）2号将"TORX"梅花套筒扳手（T30）递给1号。

5）1号使用"TORX"梅花套筒扳手（T30）将外把手框分总成固定螺栓2号拧紧。

6）1号将外把手总成的前端插入车门外把手框内，然后把外把手总成向车辆前方滑动，如图6-56所示。

7）1号将外把手前装饰盖装入车门孔内，用手抵住，然后使用"TORX"梅花套筒扳手（T30）

旋入外把手框分总成固定螺栓，如图 6-57 所示。

8）安装完毕后，1 号用手拉动外把手总成，检查外把手总成是否灵活、牢固，如图 6-58 所示。

图 6-56　安装外把手总成　　　　图 6-57　旋入外把手框分总成　　　　图 6-58　检查外把手总成
　　　　　　　　　　　　　　　　　　　固定螺栓

4. 安装门锁总成

1）1 号用手握住门锁总成，将控制开关插接器插入门锁总成座孔内，如图 6-59 所示。

2）1 号将门锁总成放入车门框内并将位置调整好，用一只手轻轻托住并固定，如图 6-60 所示。

注：门锁机构总成装入前，在滑动部位涂抹通用润滑脂。

3）门锁总成装入后，1 号调整锁闩位置，并检查儿童保护锁有没有安装到位，用手拨动检查儿童保护锁能否正常运行，如图 6-61 所示。

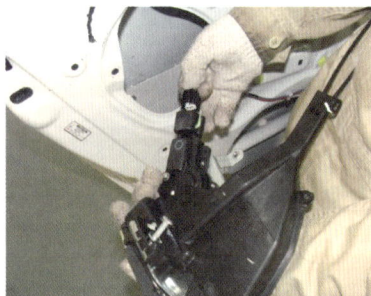

图 6-59　安装插接器　　　　　图 6-60　安装门锁总成　　　　图 6-61　用手拨动检查儿童保护锁

4）2 号将 ϕ10mm 套筒、接杆和棘轮扳手组合后传递给 1 号。

5）1 号使用 ϕ10mm 套筒、接杆和棘轮扳手组合拧紧门锁机构总成固定支架的两个固定螺栓，如图 6-62 所示。

6）1 号用手将门锁总成 3 个固定螺栓拧入车门框内，如图 6-63 所示。

7）2 号将 "TORX" 梅花套筒扳手（T30）递给 1 号。

8）1 号使用 "TORX" 梅花套筒扳手（T30）拧紧门锁机构总成与车门框的 3 个固定螺栓，如图 6-64 所示。

注：门锁机构总成固定螺栓拧紧力矩为 8N·m。

9）1 号使用十字螺丝刀将门锁机构总成闭合，然后拉动外把手总成和锁止遥控拉索，并观察锁闩能否正常开启门锁总成，如图 6-65 所示。

5. 整理工位

1 号、2 号共同清理、整理工具等，清扫地面。

图 6-62　拧紧门锁机构总成固定支架的两个固定螺栓

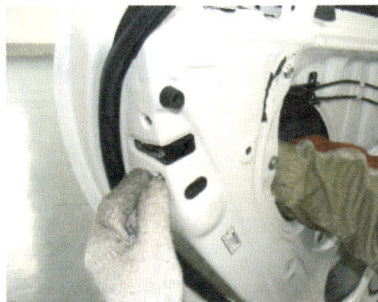

图 6-63　安装门锁总成 3 个固定螺栓

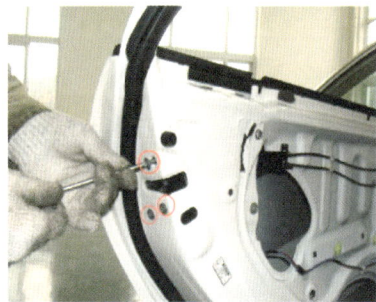

图 6-64　拧紧门锁机构总成与车门框的 3 个固定螺栓

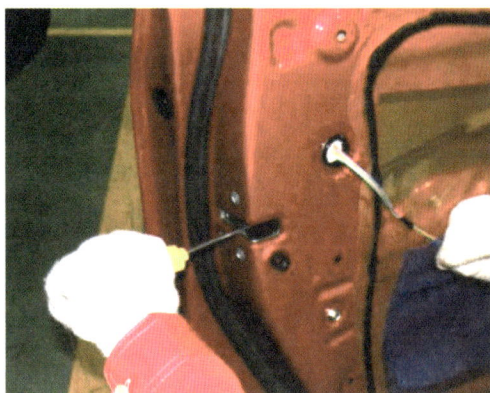

图 6-65　检查门锁

考核评价

汽车门锁机构的拆装与更换考核标准

考核时间：120min　考核总分：100 分

考 核 项 目	评 分 标 准	得　分
一、工作准备（5 分）		
1. 穿着工作服、安全鞋	未穿着工作服扣 1 分，未穿着安全鞋扣 1 分	
2. 准备并清点实训用品及工具	工具准备不正确，每项扣 1 分；未做，扣 1 分	
3. 场地及教具准备	场地及教具准备不正确，每项扣 1 分	
二、拆卸门锁总成（34 分）		
1. 拆卸蓄电池负极电缆	操作错误扣 5 分	
2. 拆卸门锁机构总成与门框的固定螺栓	未正确拆卸门锁机构总成与门框的固定螺栓扣 5 分	
3. 拆卸门锁机构总成固定支架的固定螺栓	未正确拆卸门锁机构总成固定支架的固定螺栓扣 5 分	
4. 拆卸拉索总成	未正确拆卸拉索总成扣 5 分	
5. 拆卸内侧拉索和锁止遥控拉索	未正确拆卸内侧拉索和锁止遥控拉索扣 5 分	
6. 取下门锁总成	未正确取下门锁总成扣 5 分	
7. 拆卸门锁总成插接器	未正确拆卸门锁总成插接器扣 4 分	

（续）

考 核 项 目	评 分 标 准	得　　分
三、拆卸外把手总成（20分）		
1. 拆卸外把手前装饰盖	未正确拆卸外把手前装饰盖扣4分	
2. 拆卸外把手框固定螺栓	未正确拆卸外把手框固定螺栓扣4分	
3. 拆卸外把手总成	未正确拆卸外把手总成扣4分	
4. 取下外把手框分总成	未正确取下外把手框分总成扣4分	
5. 拆卸外把手密封垫	未正确拆卸外把手密封垫扣4分	
四、安装外把手总成（12分）		
1. 安装外把手密封垫	未正确安装外把手密封垫扣4分	
2. 安装外把手框分总成固定螺栓	未正确安装外把手框分总成固定螺栓扣4分	
3. 检查外把手总成	未正确检查外把手总成扣4分	
五、安装门锁总成（24分）		
1. 安装门锁总成插接器	未正确安装门锁总成插接器扣4分	
2. 安装门锁总成	未正确安装门锁总成扣4分	
3. 检查门锁总成工作情况	未正确检查门锁总成工作情况扣4分	
4. 拧紧门锁机构总成固定支架的两个固定螺栓	未正确拧紧门锁机构总成固定支架的两个固定螺栓扣4分	
5. 安装门锁总成固定螺栓	未正确安装门锁总成固定螺栓扣4分	
6. 拧紧门锁机构总成与车门框固定螺栓	未正确拧紧门锁机构总成与车门框固定螺栓扣4分	
六、完工检查（5分）		
1. 检查门锁机构的更换情况	未做扣2分	
2. 整理、清洁所有工具、设备和用品	未做扣3分	
合计		

任务三　座椅及安全带的拆装与更换

任务目标

1. 了解汽车座椅的结构及种类。
2. 了解汽车安全带的结构。

任务描述

　　黄先生刚买了一辆吉利星瑞轿车，在驾驶过程中，与前方一车辆发生碰撞，由于黄先生的安全意识比较强，在行车前就系好了安全带，因此避免了人身伤亡，可见系好安全带在行车中是特别重要的。

知识储备

党的二十大报告中指出："坚持安全第一、预防为主。"车身附件本身的特点决定了它对整车的依附性，但它自身的独立性决定了它的重要性。车身附件的性能与质量对乘员的安全性和舒适性，对车体造型的美观及整车的使用寿命等均有直接的影响。

一、汽车座椅

1. 座椅的结构

目前，汽车座椅的典型结构为复合型，由骨架、填充层和表皮层3大部分组成。

1）骨架。座椅的骨架主要用金属材料制成。它的主体是金属焊接结构，起到座椅的定型和支撑人体的作用；靠背和坐垫处一般是用薄钢板冲压而成的，根据人体工程学的原理设计，以乘员乘坐时可以获得舒适的形体要求为准则。

2）填充层。为了增加人们乘坐时的舒适感，在座椅的骨架上增加填充物。现在一般使用发泡塑料制作定型的填充物，具有柔软舒适、不易变形、造型美观和弹性良好等优点。

3）表皮层。汽车座椅的表皮层是座椅质量和装饰的亮点所在，是设计师们考虑的重点部位。

表皮层使用的材料，主要是纺织布料、人造革材料和优质的真皮材料等，外形与填充层的形状相贴合；在制作工艺上很讲究，要求裁剪精确，缝制精细，贴服平整合体，以显示座椅的精美外形。

2. 座椅的分类

按座椅的使用功能来分类，可分为驾驶人座椅、乘员座椅和儿童座椅3种。

（1）驾驶人座椅 驾驶人座椅安装在驾驶人的座位处。由于驾驶人在开车时必须集中精力，始终注视前方，灵活机动地处理各种交通路况，为了有利于驾驶人的驾驶，对座椅的舒适性、方位（高低、前后、左右）的可调性要求极高。所以，驾驶人座椅总成的结构复杂，性能可靠，调整使用灵活，如图6-66所示。

（2）乘员座椅 乘员座椅要求乘坐舒适，这与驾驶人座椅要求一样，但对调整方面无过多的要求。一般只在一些豪华车上的乘员座椅才有角度调整机构，即俯仰角度可在一定范围内调节，以期达到提高乘员舒适性的目的，如图6-67所示。

图 6-66 驾驶人座椅

图 6-67 乘员座椅

93

（3）儿童座椅 儿童座椅在我国的市场中地位还很低，这是不正常的。所有发达国家都有相应的法规来规定儿童座椅的使用范围。儿童座椅如图 6-68 所示。

图 6-68 儿童座椅

二、汽车安全带

现代汽车的速度很快，一旦发生碰撞，车身停止运动，而乘员身体由于惯性会继续向前运动，在车内与车身撞击，严重时可能把风窗玻璃撞碎而向前飞出窗外。为防止撞车时发生类似的伤害，公安部门要求小型的客车驾驶人和前排的乘员必须系安全带，以便发生交通事故时，安全带对人起到缓冲的作用，防止出现二次伤害。汽车安全带如图 6-69 所示。

1. 工作原理

安全带的装置里面有一个卡轮，如果快速地拉动安全带（如在发生车祸的情形下），里面的卡子会由于安全带滚轮的快速转动而被离心力带出，迅速将安全带锁死，把座位上的人员固定在椅子上。待冲击力峰值过去，或者人已经能受到安全气囊的保护时，安全带就会放松，以免压伤人的肋骨。通过以上一系列的动作来达到保证驾乘人员安全的目的。

汽车安全带的作用及其原理是将大部分停止作用力施加到胸腔和骨盆，这些身体部位相对来说比较强壮，而且安全带在身体上跨越的部分较宽，因而作用力不会集中在一个较小区域，所以不会造成过大伤害。此外，安全带所用的材料比仪表板或风窗玻璃要柔软得多。它可以略微拉伸，这意味着停止过程不会过于突然。但是，安全带不应拉伸过长，否则可能会使人撞向转向盘或侧窗。安全带只允许使用者的身体略微前移。安全带的结构如图 6-70 所示。

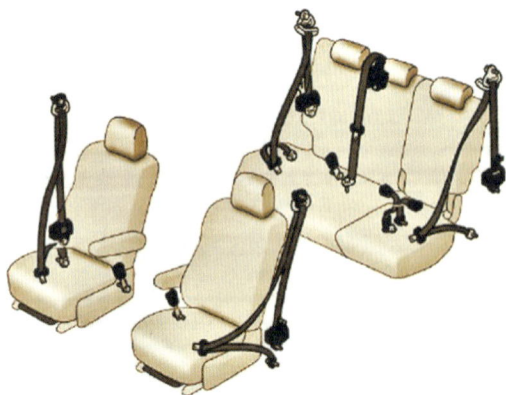

图 6-69 汽车安全带

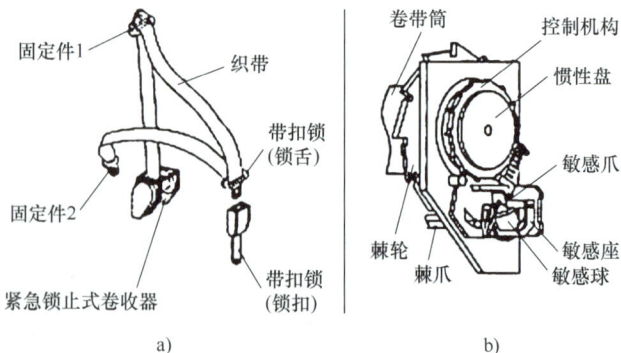

图 6-70 安全带的结构

2. 作用过程

理想的安全带作用过程是：首先，及时收紧，在事故发生的第一时刻立即把人"按"在座椅上。然后，适度放松，待冲击力峰值过去，或人已能受到安全气囊的保护时，即适当放松安全带，避免因拉力过大而使人肋骨受伤。最先进的安全带都带有预收紧装置和拉力限制器。

安全带的拉力限制功能如图 6-71 所示。

3. 汽车安全带的类型

（1）两点式安全带　两点式安全带的软带从腰的两侧挂到腹部，形似腰带（图 6-72），在碰撞事故中可以防止乘员身体前移或从车内甩出，优点是使用方便，容易解脱。缺点是乘员上身容易前倾，前排乘员头部会撞到仪表板或风窗玻璃上。这种安全带主要用在轿车后排座位上。

图 6-71　安全带的拉力限制功能

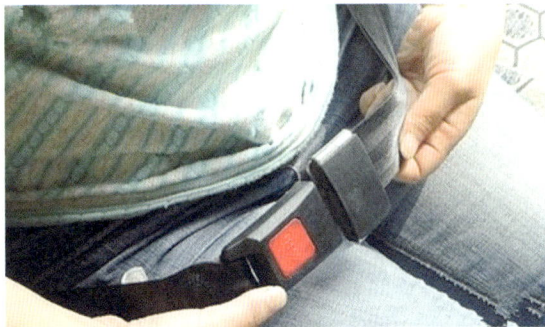

图 6-72　两点式安全带

（2）三点式安全带　三点式安全带是在两点式安全带的基础上增加了肩带，在靠近肩部的车体上有一个固定点（图 6-73），可同时防止乘员躯体前移和上半身前倾，增强了乘员的安全性，是目前使用最普遍的一种安全带。

（3）五点式安全带　儿童安全座椅最常见的保护儿童安全系统就是使用五点式安全带（图 6-74），安全带通过两边肩膀、臀部，固定到双腿之间的卡扣上。安全带能紧贴骨盆（胯部和臀部安全带）、肩膀和胸部（肩带）。

图 6-73　三点式安全带

图 6-74　五点式安全带

（4）六点式安全带（赛车用）　一级方程式车手是通过六点式安全带固定在驾舱里的，与喷气式战斗机的类似（图 6-75）。通过两条肩带、两条腰带和两条腿带的固定，使车手的自由活动程度仅仅能够满足于转动转向盘以及触及视界内的各种开关和按钮。

（5）零压迫感智能安全带　零压迫感智能安全带是一种新型、安全、舒适和方便实用的汽车装置，外观与普通安全带并无差别。其内部利用铰链的支撑和偏离，在系上安全带后，人体与织带接触的所有部位都不会有丝毫压迫感。

图 6-75　六点式安全带

三、汽车刮水器

刮水器俗称为雨刷、水拨或风窗玻璃雨刷，是用来刮除附着于车辆风窗玻璃上的雨点及灰尘的设备，以改善驾驶人的能见度，增加行车安全，如图6-76所示。因为法律要求，所有地方的汽车都带有刮水器。掀背车及休旅车等车辆的后车窗也装有刮水器。除了汽车外，其他运输工具也设置了刮水器，如火车、电车等。部分工程用机具，如起重机等也装有刮水器。

1. 结构

刮水器总成含有电动机、减速器、四连杆机构、刮水臂心轴和刮水片总成等。当驾驶人按下刮水器的开关时，电动机起动，电动机的转速经过蜗轮蜗杆的减速增矩作用驱动摆臂，摆臂带动四连杆机构，四连杆机构带动安装在前围板上的转轴左右摆动，最后由转轴带动刮水片刮扫风窗玻璃。汽车刮水器的结构如图6-77所示。

图 6-76 汽车刮水器

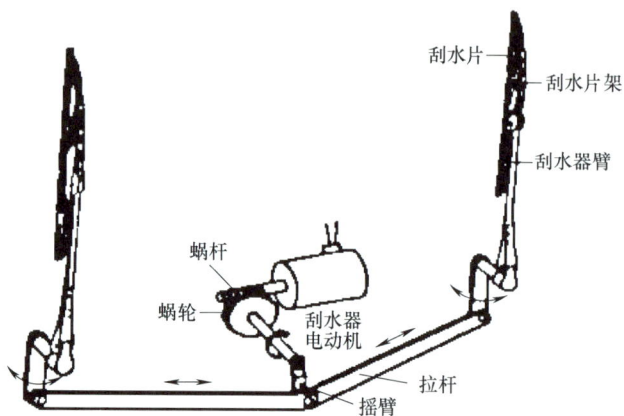

图 6-77 汽车刮水器的结构

2. 工作原理

刮水器的动力源来自电动机，它是整个刮水器总成的核心。刮水器电动机采用直流永磁电动机，安装在前风窗玻璃上的刮水器电动机一般与蜗轮蜗杆机械部分做成一体。蜗轮蜗杆机构的作用是减速增矩，其输出轴带动四连杆机构，通过四连杆机构把连续的旋转运动改变为左右摆动的运动。汽车刮水器的工作原理图如图6-78所示。

3. 挑选刮水器

刮水器的种类大致有两种，一种是传统间歇式，这是最常见的刮水器，有3~4段不等，由驾驶人依照雨势以及视线状况做调整；另一种是雨珠感应式，近年来多使用于中高级车型上。

1）先确定本车用的是哪种规格的刮水器。可参考随车手册，查明上面注明的刮水器型号。

2）要注意支杆连接至刮水器摇臂的方式是否匹配。因为有的支臂是用螺钉固定到摇臂上的，而有些是用凸扣锁死的。

3）将刮水器拉起来，用手指在清洁后的橡胶刮水器上摸一摸，检查是否有损坏以及橡胶叶片的弹性。若叶片老化、硬化，出现裂纹，则此刮水器不合格。

4）将刮水器开关置于各种速度位置处，检查不同速度下刮水器是否保持一定速度。特别是在间断工作状态下，还要留意刮水器在运动时是否保持一定速度。

5）检查刮水状态，以及刮水支杆是否存在摆动不均匀或漏刮的现象。

6）注意电动机有无异常噪声。尤其应引起注意的是当刮水器电动机"嗡嗡"作响而不转动时，这说明刮水器机械传动部分有锈死或卡住的地方，这时应立即关闭刮水器开关，以防烧毁电动机。

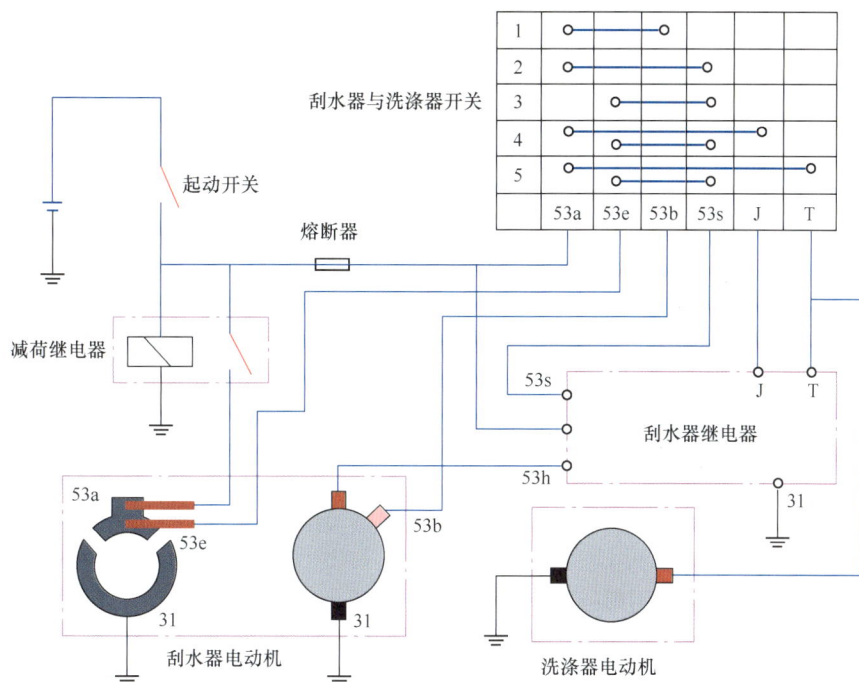

图 6-78   汽车刮水器的工作原理图

任务实施

1. 操作准备

1）1号位于工位前方，进行操作准备。2号检查防护用品、工具的摆放，传递防护用品和工具给2号，整理1号不用的防护用品和工具。

2）1号将汽车车门打开。当开启车门时，不能用裸手接触漆面，防止汗液等腐蚀金属表面。

3）1号扶住汽车车门边框将车门完全打开。

4）1号打开发动机舱盖，并将蓄电池负极端子电缆拆下。

2. 拆下门槛压板

用十字螺丝刀拆下门槛压板，如图6-79所示。

3. 拆下前门洞密封条

拆下前门洞密封条（以前门槛的拆卸方法将后门门槛拆下），如图6-80所示。

4. 拆下安全带下固定螺栓

用套筒扳手拆下安全带下固定螺栓，拆下B柱下护板，如图6-81所示。

5. 拆下手柄护盖

拆下安全带上部调整手柄护盖，用套筒扳手拆下固定螺栓，如图6-82所示。

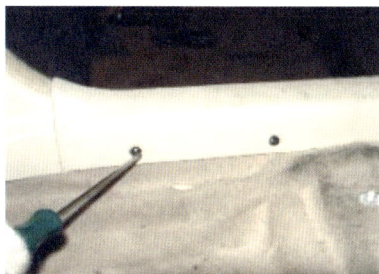

图 6-79   拆下门槛压板

图 6-80   拆下前门洞密封条

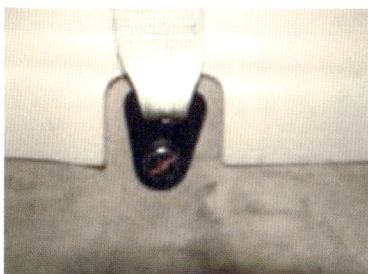

图 6-81   拆下安全带下固定螺栓

97

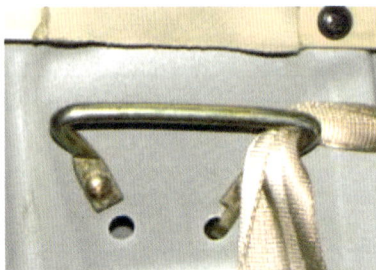

6. 拆下安全带上导环螺钉

用十字螺丝刀拆下安全带上导环螺钉，如图 6-83 所示。

7. 拆卸安全带预紧器固定螺栓

用套筒扳手拆卸安全带预紧器固定螺栓，并取下安全带，如图 6-84 所示。

图 6-82 拆下固定螺栓　　　图 6-83 拆下安全带上导环螺钉　　　图 6-84 取下安全带

8. 拆卸后排座椅安全带固定螺栓

拆卸后排座椅安全带的下部固定螺栓及上吊环固定螺栓，如图 6-85 所示。

9. 拆下预紧器

拆下后排座椅安全带的预紧器，如图 6-86 所示。

10. 安装前、后安全带

安装步骤按与拆卸步骤相反的顺序进行。

11. 清洁整理工位

1 号、2 号共同清理、整理工具等，清扫地面。

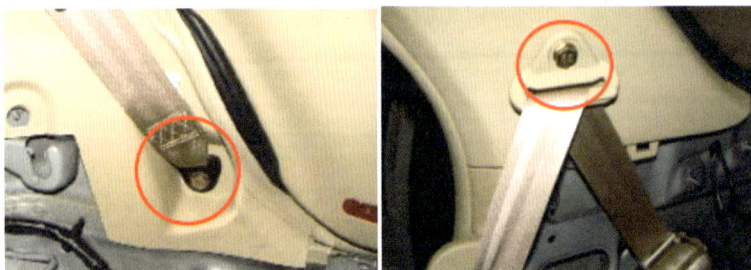

图 6-85 拆卸后排座椅安全带的下部固定螺栓及上吊环固定螺栓　　　图 6-86 拆下预紧器

考核评价

汽车安全带的拆装与更换考核标准

考核时间：120min　考核总分：100 分

考 核 项 目	评 分 标 准	得　分
一、工作准备（5 分）		
1. 穿着工作服、安全鞋	未穿着工作服扣 1 分，未穿着安全鞋扣 1 分	
2. 准备并清点实训用品及工具	工具准备不正确，每项扣 1 分；未做，扣 1 分	
3. 场地及教具准备	场地及教具准备不正确，每项扣 1 分	

（续）

考 核 项 目	评 分 标 准	得　　分
二、安全带的拆装（80分）		
1. 拆卸门槛压板	未正确拆卸门槛压板扣5分，门槛压板损坏扣5分	
2. 拆下密封条	未正确拆下密封条扣5分，密封条损坏扣5分	
3. 拆下安全带固定螺栓	未正确拆下安全带固定螺栓扣5分	
4. 拆下手柄护盖	未正确拆下手柄护盖扣5分	
5. 拆下导环螺钉	未正确拆下导环螺钉扣10分	
6. 拆下预紧器固定螺栓	未正确拆下预紧器固定螺栓扣10分	
7. 拆下后排座椅固定螺栓	未正确拆下后排座椅固定螺栓扣10分	
8. 拆下预紧器	未正确拆下预紧器扣10分	
9. 安装座椅安全带	未正确安装座椅安全带扣10分	
三、完工检查（15分）		
1. 检查遮盖物去掉情况	遮盖物未去掉或者未全部去掉扣5分	
2. 检查附件安装情况	附件未安装或者未全部安装扣5分	
3. 整理、清洁所有工具、设备和用品	未做扣5分	
合计		

课 后 测 评

一、填空题

1. 普通汽车座椅的结构由＿＿＿＿＿＿＿＿、＿＿＿＿＿＿＿＿和＿＿＿＿＿＿＿＿组成。

2. 汽车刮水器的结构由＿＿＿＿＿＿＿、＿＿＿＿＿＿＿、＿＿＿＿＿＿＿、＿＿＿＿＿＿＿和＿＿＿＿＿＿＿等组成。

3. 汽车安全带的类型包括＿＿＿＿＿＿、＿＿＿＿＿＿、＿＿＿＿＿＿、＿＿＿＿＿＿和＿＿＿＿＿＿。

二、判断题

1. 座椅的装饰主要是集中在表皮层，主要是对表皮层材料的选用和加工制作。　　　　（　　）

2. 三点式安全带增强了乘客的安全性，是目前使用最普遍的一种安全带。　　　　（　　）

3. 刮水器的动力源来自电动机，它是整个刮水器系统的核心。　　　　（　　）

三、简答题

1. 简述汽车后视镜的调整方法。

2. 简述汽车刮水器的工作原理。

项目七 汽车外部装饰与改装

任务一 汽车漆面的特种喷涂装饰

任务目标

1. 了解车身漆膜喷涂的目的。
2. 了解多色花纹喷漆技术。
3. 掌握喷涂流程，注重"绿色环保"理念。

任务描述

王先生购置了一辆理想汽车，使用不到一年，王先生就感觉汽车漆面不如以前有光亮，而朋友的汽车因为定期进行专业的漆面护理，始终保持着良好的光泽。王先生意识到自己对汽车漆面的保养不够重视，决定采取措施改善车辆漆面的状况。他开始咨询专业的汽车美容店，了解各种漆面保养方法，并选择了适合自己车辆的护理方案。经过一段时间的精心护理，王先生的车辆漆面逐渐恢复了往日的光亮。

知识储备

一、车身漆膜喷涂的目的

1）延长使用寿命。车身漆膜喷涂主要是防止车身腐蚀，从而延长车身使用寿命。

2）提高装饰性和商品价值。汽车不仅应具有必需的使用功能，而且还是一个艺术品，在车身造型和装饰上可以体现出很高的艺术内涵。

3）提高市场竞争能力。在市场竞争中，汽车厂商通过汽车华丽的外表来提升其装饰性能和市场竞争力。

二、多色花纹喷漆技术

1. 多色花纹喷漆技术的概念及方法

多色花纹喷漆技术是在汽车车身外侧部位的复杂曲面上，按某种构思粘贴或喷涂彩色画面和花纹的一种装饰技术。其主要施工方法有4种：①粘贴胶片制成彩色胶片贴在车身上；②胶片转印复制，即将胶片在被涂装面上加热复制转印；③气流涂装，采用气流喷漆直接进行涂装；④喷射式印刷涂装，直接采用印刷喷漆。从成本方面考虑，第④种方法最佳。

2. 多色花纹喷漆材料及设备

（1）喷涂着色原理　原色采用了蓝、红、黄3种喷墨基色及调色修正用的黑色喷墨，共计4色涂料颜色。将这4种透过性涂料进行反复喷涂，即可将需要的色彩体现出来。这主要是利用一种减法混色涂装法来实现的。减法混色涂装法的原理图如图7-1所示。色彩的浓淡程度可通过调整漆的喷出量来确定，用于涂装的数据（CMYK数据）取决于各色漆的喷出量。

（2）喷涂材料　为了使彩色花纹图案达到要求的效果，对所用的涂料有较高的要求，主要要求涂料微粒化和高浓度化，使彩色达到平衡。目前使用晶莹透明的UV类材料，使耐候性有了很大的提高；除此之外，形成的漆膜较薄，有助于体现漆膜色彩的再现性，使色彩复印机再现了与原画面同等水平的色调。

（3）喷涂设备及使用方法　通过高压气流将涂料喷射到被涂物表面上。喷射器的结构示意图如图7-2所示。

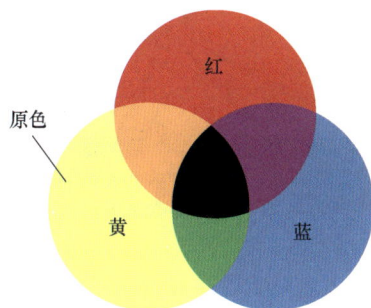

图7-1　减法混色涂装法的原理图

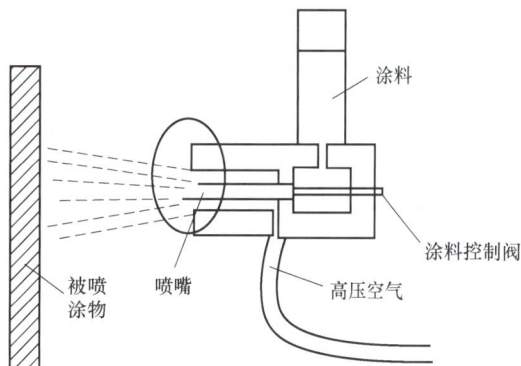

图7-2　喷射器的结构示意图

喷涂设备将原画面（彩图、照片）用扫描仪读入并通过计算机进行记录和编辑，以达到与原画面一致的最完美的涂装画面，然后通过控制器将印刷执行指令传输到涂装装置中，涂装装置按指令程序进行4种颜色的气流喷色，通过水平方向和垂直方向的移动，在被涂物表面进行涂装。

为保证汽车曲面部位涂装的鲜明度，使用了与曲面形状对应的装置。这种装置是在水平方向（X轴）与垂直方向（Y轴）的基础上增设了随动机构（Z轴），以保证喷嘴与曲面相匹配的运动轨迹。这种三维涂装装置，可进行最大角度为30°的曲面随动涂装。图7-3所示为涂装系统示意图。

在宽幅为2~3mm（呈线状）范围进行喷涂，为了提高喷涂质量，避免粉尘和振幅的影响，必须选择适合的喷嘴口径和喷嘴前端的形状，以减少气流喷射枪在喷气时特有的粉尘和振幅，提高装饰质量。粉尘幅度与喷嘴距喷射物距离和气流压力有着密切的关系。当气压为0.5MPa、喷嘴距离被喷涂物20mm时，即能达到很高的装饰质量水平。

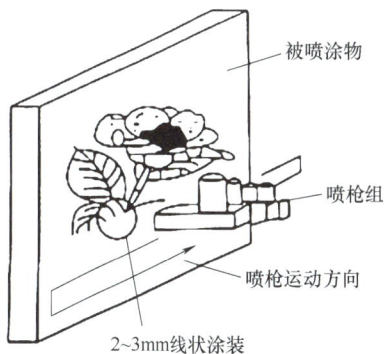

图7-3　涂装系统示意图

这种装饰技术摒弃了过去汽车业采用的喷漆方法，在新标准的花纹喷漆技术上进行了开拓发展，形式多样，可满足汽车消费者的高标准装饰要求。

三、美术油漆装饰工艺

美术油漆装饰工艺属于工艺美术的一种，它包括涂刷美术字、图案、石纹漆、木纹漆、花基漆、裂纹漆、锤纹漆、皱纹漆和彩纹漆等。美术油漆工艺不仅具有对被涂物的保护作用，还有美化装饰的作用。

1. 美术字与图案的涂装

在汽车的外表面，经常需要用文字或图案进行涂装，以满足特殊装饰的需求。几乎在每辆车上都有文字的标识，如表示该车的所属，是××单位或××的；如以特殊的语言，表示个人对某些"明星"或体育活动的支持，以显示自己的"个性"。用文字与图案在汽车外表进行装饰是非常普遍和实用的。用文字和图案装饰的效果如图7-4所示。

图 7-4　用文字和图案装饰的效果

涂装的方法有以下3种：

（1）直接书法或绘画涂装　具有相当书法或绘画水平的操作者，可利用油漆笔或油漆刷，选择适当的色漆，直接将文字或图案书写或绘画到汽车外表特定的部位。

（2）刷涂法涂装　将需要的文字或图案在车身表面上描绘出底线，然后按底线涂刷文字或图案。这种做法比较简便，容易操作，但需要事先做好文字或图案的样板。

（3）漏板喷涂法　将需要的文字用薄纸板刻画成漏板，把漏板紧贴在车身表面上，再用微型喷枪或前面介绍的喷漆器进行喷涂，使漆雾穿过有缝隙的漏板喷射到车身表面，形成需要的文字或图案。

2. 花基漆涂装

花基漆涂装也是美术油漆装饰的一种。根据用作花基的材料或方式可分为3种：用油漆做花的、用广告颜色做花的和用溶解法做花的。

（1）用油漆做花基漆的涂装　该方法适用于面积不大、工作量不大的面漆装饰。比如在已干燥的浅色漆膜上做深色花纹图案，或在深色漆膜上做浅色花纹图案，具体做法是先涂上一层深蓝、大红或紫色油性调和漆，尽量薄涂，在其未干时将棉花拧成一团在蓝漆上反复旋过，旋成满花为止。

（2）用广告颜色做花基漆的涂装　该方法适用于较大面积和较大工作量的装饰涂装。具体做法基本上与油漆做花基漆涂装一样，不同的只是做花基的材料是广告颜料。涂上广告颜料后，在其未干时用布把（由布捆成）印花，印花时手法、距离要均匀且密。如果需要换花型，可将布捆口翻动一下，花样就变了，翻动一次，花样就变动一次，可以随心所欲变动。花纹干燥后，罩上酯胶清漆即可。

（3）用溶解法做花基漆的涂装　该方法适用于一般装饰，面积大小不限，工作量不限。具体做法是在干燥的白底漆膜上涂满紫红色或棕黄色油漆后，待其未干时用漆刷或长毛刷蘸上溶剂汽油，在未干的漆膜表面上做出密密麻麻大小不规则的斑纹花基。待花纹干透后，罩上酯胶清漆或其他无色油性漆即可。

3. 彩纹漆涂装

彩纹漆涂装是一种新型的美术油漆工艺方法。将黏度密度大小、适合的调和漆少量陆续滴在水中，至漆液散开漂浮在水面，漆膜面积占液面面积的 50% 左右时，将已涂好白漆且干燥好的被涂物浸渍在水中，即可沾上漆膜，浸后吹去水面多余的漆，立刻取出，待漆膜干燥后，用酯胶清漆罩光即可。

彩纹漆的涂装方法又称为水面浮漆浸渍法。漆膜纹形既像彩云又像大理石，成纹自然，色彩缤纷，美观醒目。其工艺特点是：①材料来源广泛，使用的设备及工具简便；②不论是平面装饰还是立体装饰均适用；③只有不受水浸渍影响的饰件才能使用此法进行装饰，因此受到一定的限制。使用的材料有：①清漆、酯胶清漆或醇酸磁漆；②调和漆，颜料密度小的各色调和漆；③醇酸磁漆、长油度醇酯磁漆；④辅助材料、溶剂汽油、抹布。

四、珍珠汽车漆装饰

珍珠汽车漆具有很高的镜面光泽，珠光细腻柔和，装饰性极佳，同时还具有随视角变化而变化的闪色效应。现在大部分的高级豪华轿车都采用了珍珠汽车漆涂装。

珍珠汽车漆是以各种天然或合成树脂为基料，按一定比例加入云母钛珠光颜料制成的新型涂装材料，是金属闪光涂料中的一种特殊品种。它的特性如下：

1）具有细腻柔和的"珍珠光泽效应"。

2）具有明亮闪烁的"金属闪光效应"。一般金属漆是依靠金属颜料片对光的镜面反射作用而在人们眼里产生"金属闪光效应"的，但漆膜却缺乏三维空间的立体感。

3）具有随视角变化而变化的"视觉闪色效应"。

4）具有随曲率的变化而变化的"色彩转移效应"。采用干涉云母钛珠光颜料制成的连续漆膜，能同时显示两种截然不同的颜色，这种颜色的变化称为"色彩转移效应"。

五、车身漆面"镜面装饰"

车身漆面的"镜面装饰"一般可采取两种方法实现：一是选用能达到"镜面装饰"效果的涂料进行涂装；二是采取美容装饰的方法，实现漆膜的镜面装饰效果。

1. 选用能达到"镜面装饰"的涂料

由于科技不断发展，新型的高性能涂料不断出现，选用适当的高性能涂料进行涂装，便可实现漆膜的"镜面装饰"效果。举例如下：

（1）达壮 DG 双组分高光泽低温烘漆　达壮 DG 双组分高光泽低温烘漆是具有高光泽、高膜厚、耐酸碱、抗化学性高的双组分面漆。漆料中的高固体适合于高级轿车、巴士及广告车等的使用。当温度在 18℃ 以上时，建议使用超级催干剂来做全车大喷，以达到最佳的镜面效果。

（2）达壮 BC 双工序色漆　达壮 BC 系列色漆是单组分磁漆，在施工中是 2 层涂装，先喷完素色漆与银粉漆后，再喷上清漆。干燥后，漆膜具有高光泽的镜面效果和优越的耐候性，适用于高级轿车、巴士和商用广告车等的涂装。BC 色漆在施工中的稀释比例为：BC 色漆 1 份，稀释剂 1 份（不要加入催干剂，部分塑料制品的施工除外）。

2. 进行漆膜美容装饰达到镜面效果

（1）采用至尊专业漆膜处理达到镜面效果　适用于所有类型漆膜的光洁美容处理，可产生完全光亮的镜面效果；采用波浪状的海绵轮，操作简便，可有效散热，不伤漆膜，其魔术搭扣设计更易于更换磨轮。

（2）封釉美容实现镜面效果　依靠振抛原理（实际操作中使用抛光机），将镜面釉压入漆膜纹理中，在漆膜表面形成一层保护膜，可抗高温、抗紫外线照射、抗酸碱氧化物等的腐蚀，提高漆膜硬度，防止出现小划痕，降低漆膜表面粗糙度，使之达到镜面效果。

3. 用研磨抛光方法实现汽车漆膜的镜面装饰效果

根据汽车漆膜状况，对汽车漆膜进行相应的研磨、抛光处理，即可达到镜面装饰效果。

普通车涂层结构如图7-5所示。

一般研磨剂中都含有坚硬的浮石做的摩擦材料，根据其颗粒的大小分为深切型、中切型和微切型3类，主要用于治理色漆层出现的不同程度的氧化、划痕和褪色等缺陷。用微切型研磨剂进行处理，可使色漆漆膜达到镜面效果。

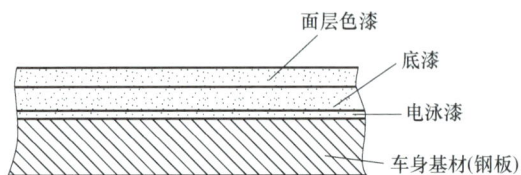

图 7-5　普通车涂层结构

常用的研磨剂有：701-116普通漆微切型、701-138普通漆中切型和701-151普通漆深切型3种。

采用这种方法虽然简单，但是影响漆膜的使用寿命。在研磨时，是以磨掉色漆表面的缺陷为代价，若缺陷严重时，就无法用此处理实现镜面装饰，需采用修复美容来实现。

任务实施

1. 工作准备

参训学生准备好实训物品并摆放整齐，以跨立的姿势等待老师下达"操作开始"口令，如图7-6所示。

2. 调配底色漆

1）穿戴防护用品，如图7-7所示。

2）从壶盖上取下防漏塞，如图7-8所示。

图 7-6　工作准备　　　　图 7-7　穿戴防护用品　　　　图 7-8　取下防漏塞

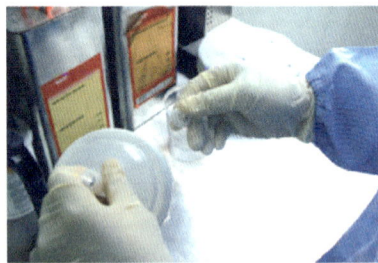

3）盖好防漏塞，如图7-9所示。

4）在喷壶上查找底色漆调配比例的刻度线，如图7-10所示。

5）将底色漆倒入喷壶内，如图7-11所示。

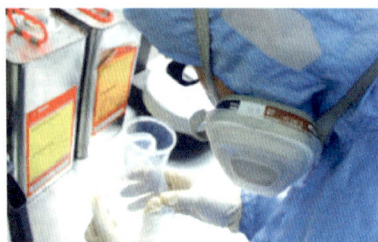

图 7-9　盖好防漏塞　　　　图 7-10　查找刻度线　　　　图 7-11　将底色漆倒入喷壶

6）底色漆在喷壶中的位置，如图 7-12 所示。

7）打开稀释剂瓶盖，如图 7-13 所示。

8）按比例倒入稀释剂，如图 7-14 所示。

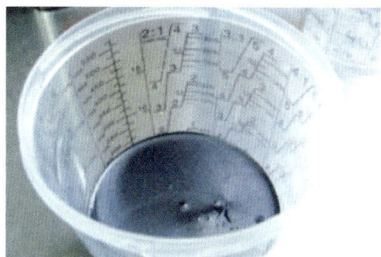

图 7-12　底色漆在喷壶内的位置　　图 7-13　打开稀释剂瓶盖　　图 7-14　按比例倒入稀释剂

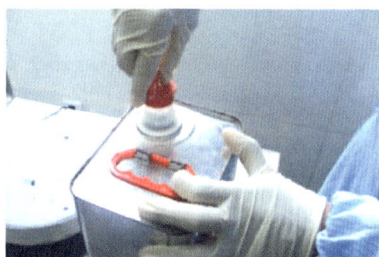

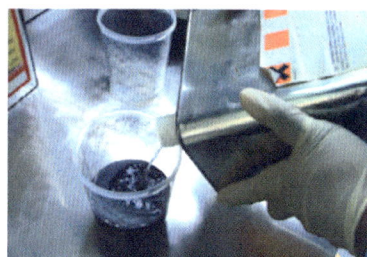

9）倒入稀释剂后，涂料在壶中的位置如图 7-15 所示。

10）用调漆尺搅拌底色漆，如图 7-16 所示。

11）将调漆尺放入装有稀释剂的桶中，以便清洗，如图 7-17 所示。

图 7-15　涂料在壶中的位置　　图 7-16　搅拌底色漆　　图 7-17　调漆尺放入装有稀释剂的桶中

12）盖上壶盖，如图 7-18 所示。

13）安装喷枪，如图 7-19 所示。

14）清洁工位，如图 7-20 所示。

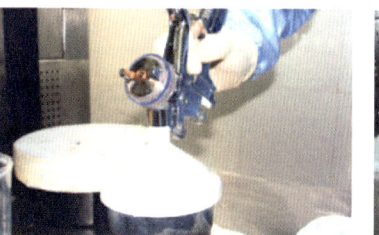

图 7-18　盖上壶盖　　图 7-19　安装喷枪　　图 7-20　清洁工位

15）面漆调配完毕，如图 7-21 所示。

3. 喷涂底色漆

1）接上空气软管，如图 7-22 所示。

2）用粘尘布对工件进行除尘，如图 7-23 所示。

3）调整喷枪出漆量，如图 7-24 所示。

4）调整喷枪喷幅，如图 7-25 所示。

5）调整喷枪枪尾压力，如图 7-26 所示。

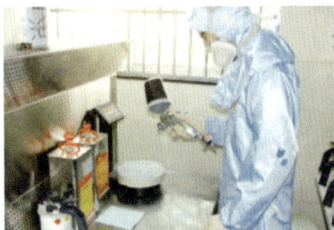

图 7-21　面漆调配完毕

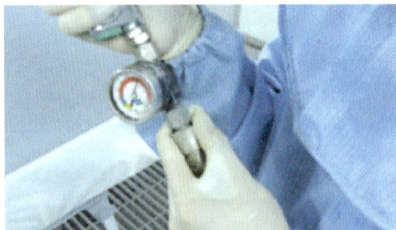

图 7-22　接上空气软管

图 7-23　除尘

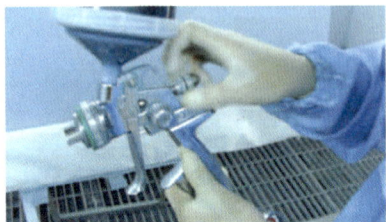

图 7-24　调整喷枪出漆量

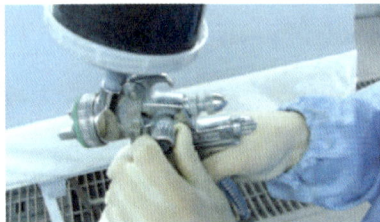

图 7-25　调整喷枪喷幅

图 7-26　调整喷枪枪尾压力

6）检查风帽是否平直，如图 7-27 所示。

7）进行试枪，如图 7-28 所示。

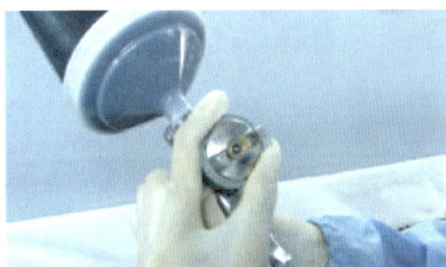

图 7-27　检查风帽

图 7-28　试枪

8）喷涂第一道底色漆，如图 7-29a 所示。喷涂时，先喷涂工件的边缘，后喷表面，如图 7-29b 所示。

喷涂时，人站立在合适的位置（一般手持枪正好对准工件中间位置），使在走枪时能兼顾工件的两端。喷枪与工件垂直，以重叠 3/4 的喷幅均匀地从上往下喷涂，如图 7-29c 所示。

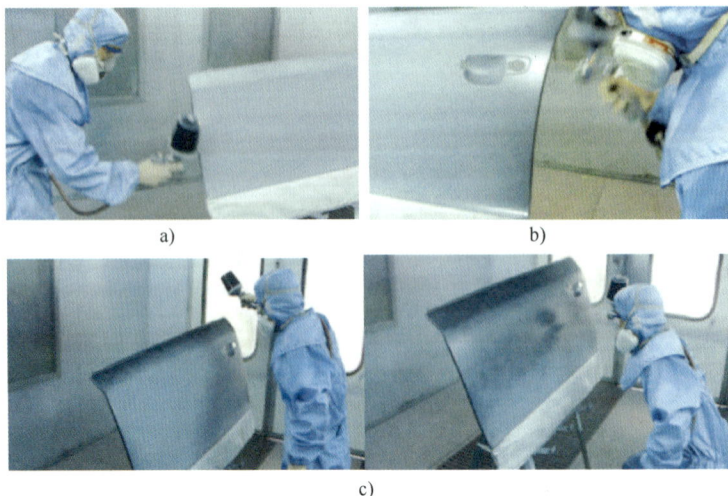

a)

b)

c)

图 7-29　喷涂第一道底色漆

9）喷涂第一道底色漆完毕（图 7-30）。第一道为干喷，根据底色漆颜色遮盖性能好坏来控制喷涂时的遮盖率。通常在喷幅和枪压不变的情况下，以走枪速度的快、慢来控制喷涂后的遮盖率。

10）喷涂第二道底色漆（图 7-31）。待第一道底色漆充分闪干后（多角度观察漆面是否变成亚光）喷涂第二道底色漆。第二道底色漆要求湿喷，喷涂完毕后达到 100% 遮盖。

图 7-30　喷涂第一道底色漆完毕

图 7-31　喷涂第二道底色漆

11）喷涂第二道底色漆完毕，如图 7-32 所示。

12）喷涂效果层（图 7-33）。当第二道底色漆充分闪干后，可喷涂效果层。喷涂该层的目的是使喷涂的银粉状态与原厂漆的状态一致。效果层要求干喷。

13）喷涂效果层完毕（图 7-34）。喷涂时，枪距拉远，快速走枪，干喷。

图 7-32　喷涂第二道底色漆完毕

图 7-33　喷涂效果层

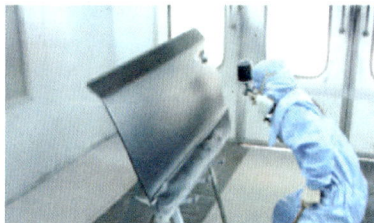

图 7-34　喷涂效果层完毕

4. 调配清漆

1）打开清漆瓶盖，如图 7-35 所示。

2）将清漆倒入喷壶中，如图 7-36 所示。

3）清漆在喷壶中的位置如图 7-37 所示。根据喷涂的面积来选择调配的分量，以免造成浪费。

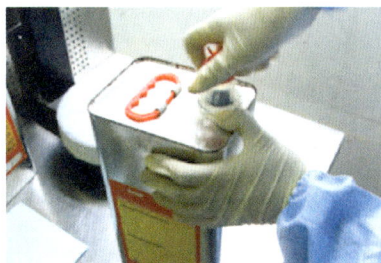

图 7-35　打开清漆瓶盖

图 7-36　将清漆倒入喷壶中

图 7-37　清漆位置

4）打开固化剂瓶盖，如图 7-38 所示。根据产品的使用说明书和温室选择对应的固化剂。不同品牌的涂料不可混合使用。

5）添加固化剂（图 7-39）。根据清漆产品说明书的正确比例添加固化剂。

6）打开稀释剂瓶盖，如图 7-40 所示。

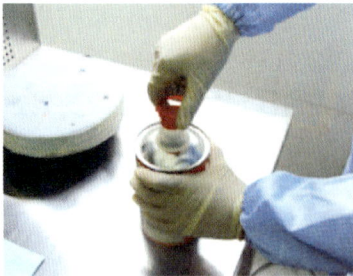

图 7-38　打开固化剂瓶盖　　　　　图 7-39　添加固化剂　　　　　图 7-40　打开稀释剂瓶盖

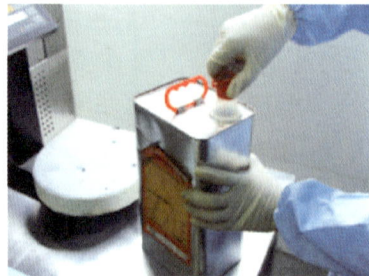

7）添加稀释剂（图 7-41）。根据天气温度选择对应的稀释剂，按照产品使用说明书的比例，添加稀释剂。

8）用比例尺搅拌涂料。将壶内的涂料充分搅拌，如图 7-42 所示。

9）将搅拌尺放入装有稀释剂的桶中，以便清洗，如图 7-43 所示。

图 7-41　添加稀释剂　　　　　图 7-42　搅拌涂料　　　　　图 7-43　将搅拌尺放入装有
稀释剂的桶中

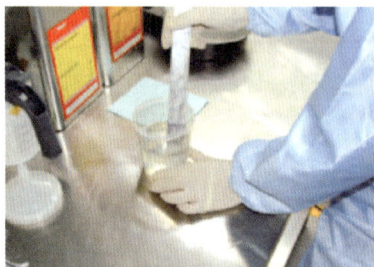

10）盖上喷壶盖（图 7-44）。把壶盖与壶口对准后顺时针旋紧。

11）安装喷枪（图 7-45）。一手固定喷壶，另一手持喷枪，将螺孔对准后旋紧。

12）清洁工作台面。

13）调配清漆完毕，如图 7-46 所示。

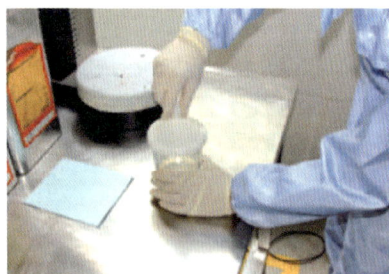

图 7-44　盖上喷壶盖　　　　　图 7-45　安装喷枪　　　　　图 7-46　调配清漆完毕

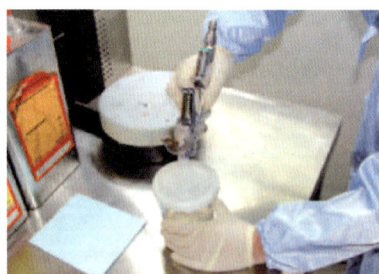

5. 喷涂清漆

1）调整出漆量（图 7-47）。逆时针将漆量调节旋钮旋出 2.5 圈，将出漆量调至最大。

2）调整喷幅（图 7-48）。将喷枪的喷幅调整至最大。

3）调节气压（图 7-49）。将气压调整至 200kPa。

4）进行试枪（图 7-50）。查看喷枪是否调整至雾化的最佳状态，并观察清漆调配的黏度。

5）喷涂清漆（图 7-51）。与喷涂底色漆一样，先喷涂边缘，后喷表面。

6）喷涂第一道清漆。第一道清漆不需要喷得太湿，可能会导致色漆发花、起云，如图 7-52a 所示。喷涂时保持喷枪始终与工件垂直，如图 7-52b 所示。

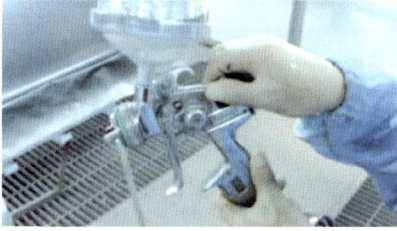

图 7-47　调整出漆量

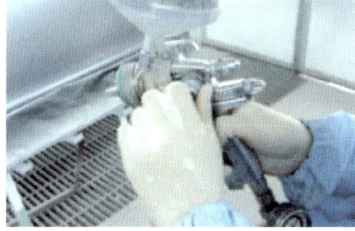

图 7-48　调整喷幅

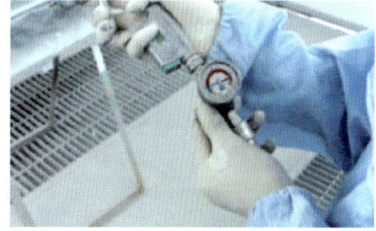

图 7-49　调整气压

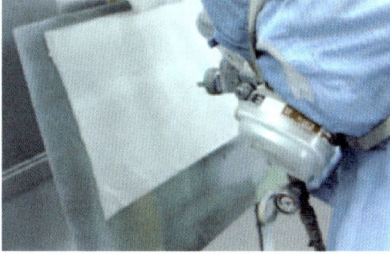

图 7-50　试枪

图 7-51　喷涂清漆

a)

b)

图 7-52　喷涂第一道清漆

7）喷涂第一道清漆完毕，如图 7-53 所示，闪干 5~10min。

8）喷涂第二道清漆（图 7-54）。第二道清漆应 100% 湿喷，喷涂后表面应光滑。

图 7-53　喷涂第一道清漆完毕

图 7-54　喷涂第二道清漆

9）喷涂第二道清漆完毕，如图 7-55 所示。

10）整理气管并复位，面漆施工完毕，如图 7-56 所示。

图 7-55　喷涂第二道清漆完毕

图 7-56　施工完毕

考核评价

面漆的调配与喷涂考核标准

考核时间：120min 考核总分：100 分

考 核 项 目	评 分 标 准	得　　分
一、工作准备（5 分）		
1. 穿着工作服、安全鞋	未穿着工作服扣 1 分，未穿着安全鞋扣 1 分	
2. 准备并清点实训用品及工具	工具准备不正确，每项扣 1 分；未做，扣 1 分	
3. 场地及教具准备	场地及教具准备不正确，每项扣 1 分	
二、调配底色漆（16 分）		
1. 在喷壶上查找底色漆调配比例的刻度线，将底色漆倒入喷壶内	未正确倒入底色漆扣 4 分	
2. 按比例倒入稀释剂	未按比例倒入稀释剂扣 4 分	
3. 搅拌底色漆	未正确搅拌底色漆扣 4 分	
4. 安装喷枪，清洁工位	未正确安装喷枪，清洁工位扣 4 分	
三、喷涂底色漆（27 分）		
1. 用粘尘布对工件进行除尘	未正确用粘尘布对工件进行除尘扣 3 分	
2. 调整喷枪出漆量	未正确调整喷枪出漆量扣 3 分	
3. 调整喷枪喷幅	未正确调整喷枪喷幅扣 3 分	
4. 调整喷枪气压	未正确调整喷枪气压扣 3 分	
5. 进行试枪	未正确进行试枪扣 3 分	
6. 喷涂第一道底色漆	未正确喷涂第一道底色漆扣 3 分	
7. 留有充分的时间进行闪干	未留有充分的时间进行闪干扣 3 分	
8. 喷涂第二道底色漆	未正确喷涂第二道底色漆扣 3 分	
9. 喷涂效果层	未正确喷涂效果层扣 3 分	
四、调配清漆（20 分）		
1. 根据喷涂面积选择清漆的分量，倒入喷壶	未正确倒入清漆扣 4 分	
2. 根据正确比例添加固化剂	未根据正确比例添加固化剂扣 4 分	
3. 根据正确比例添加稀释剂	未根据正确比例添加稀释剂扣 4 分	
4. 搅拌清漆	未正确搅拌清漆扣 4 分	
5. 安装喷枪，清洁工位	未正确安装喷枪，清洁工位扣 4 分	
五、喷涂清漆（27 分）		
1. 调整喷枪出漆量	未正确调整喷枪出漆量扣 4 分	
2. 调整喷枪喷幅	未正确调整喷枪喷幅扣 4 分	
3. 调整喷枪气压	未正确调整喷枪气压扣 4 分	
4. 进行试枪	未正确进行试枪扣 3 分	
5. 喷涂第一道清漆	未正确喷涂第一道清漆扣 4 分	
6. 留有充分的时间进行闪干	未留有充分的时间进行闪干扣 4 分	
7. 喷涂第二道清漆	未正确喷涂第二道清漆扣 4 分	

（续）

考 核 项 目	评 分 标 准	得　分
六、完工检查（5分）		
1. 检查面漆的喷涂情况	未做扣 2 分	
2. 整理、清洁所有工具、设备和用品	未做扣 3 分	
合计		

任务二　汽车彩条及保护膜装饰

任务目标

1. 了解车身贴保护膜和彩条的作用。
2. 掌握保护膜的粘贴步骤。

任务描述

黄先生购置了一辆吉利帝豪汽车，并选择了 4S 店赠送的汽车玻璃膜及汽车彩条。使用不到一年，黄先生发现汽车的车膜和彩条出现泛白现象，而朋友的汽车因为花费 2000 多元粘贴了品牌车膜及彩条所以并没有出现这种现象，且车膜单向透视性更好，前风窗玻璃清晰度更高。于是，黄先生选择了重新装贴品牌车膜及彩条。

知识储备

一、彩条装饰

目前，用彩条装饰车身已非常普遍，几乎所有的汽车都用色彩不一、大小不同的彩条进行了装饰。

1. 彩条装饰的特点

一般的装饰彩条是由汽车制造厂家提出设计制造要求，由相关配套厂家按设计要求制造后向汽车制造厂家提供的。所以，不同的厂家、不同的车型，各有特定的装饰彩条，因而彩条的品种繁多。

市场上的彩条所用材料绝大部分是塑料制品和金属制品，以塑料居多。由于汽车工业的飞速发展，装饰配件厂如雨后春笋般发展起来，配套装饰产品也层出不穷，为选购装饰件提供了便利条件。以后饰条为例，其形状如图 7-57 所示。

2. 彩条装饰步骤

（1）选择彩条　在众多的装饰彩条中，应选择适合本车

图 7-57　后饰条的形状

型需求且优质鲜艳的彩条作为装饰条。这种选择既是艺术水平和欣赏水平的体现，也是装饰者个性的体现。

（2）装饰前的清洗 在车身外表需要装饰的部位，用专用清洗剂进行手工清洗，去除油污、尘垢，使之清洁和干燥，为装饰彩条施工做好准备，以便保证施工质量。

（3）装饰彩条的施工 将彩条的衬纸撕掉，粘贴在要求的部位上。在粘贴过程中，边贴彩条，边用手对彩条进行贴压，排尽彩条与车身表面间的空气，不允许有气泡，要求贴实、贴牢。

粘贴彩条的要求如下：

1）彩条粘贴后，必须平整、光滑，不允许有褶皱。

2）彩条与车身漆膜之间不允许有空隙、气泡及异物存在。否则，会影响粘贴质量。出现空隙、气泡时，需压实排除；有褶皱或异物时，应返工重贴。

二、汽车保护膜装饰

汽车保护膜又称"犀牛皮"保护膜，它是一种特殊的透明树脂，具有较好的材料延展性、透明性及曲面适应性，背面有不干胶，用于保护车身容易插碰的部位表面，当受到轻度插碰时，不至于使得漆面受到刮伤脱漆。

1. 车膜的种类

（1）聚氨酯材质类 使用聚氨酯材质制成的车膜，透明度高，具有优异的伸缩性及耐划性，主要适用于车漆面容易刮擦的部位。

（2）PVC材质类 使用PVC材质制成的车膜，透明度高，有良好的伸缩性，广泛适用于车门里的底边。

2. 太阳膜

太阳膜，也称为隔热膜，是贴在汽车车窗玻璃上的一种薄膜。其主要作用是阻挡紫外线和红外线的进入，减少车内热量积聚，提高空调效率，同时还能增加车窗的隐私性。

优质的太阳膜具备以下特点：

（1）高隔热性能 能显著降低车内温度，提升驾乘舒适度。

（2）良好的紫外线阻隔率 有效保护车内人员皮肤和内饰免受紫外线伤害。

（3）清晰的视野 确保在夜间和恶劣天气条件下不影响驾驶人的视线。

在选择太阳膜时，需要考虑其品牌、参数（如隔热率、透光率、紫外线阻隔率等）以及产品质量。

3. 隐形车衣

隐形车衣是一种透明的聚氨酯薄膜，贴在汽车的漆面表面，如同给车辆穿上了一层隐形的防护服。

其主要优势有以下几点：

（1）保护车漆 有效抵御石子撞击、树枝划伤、酸雨腐蚀等日常损伤。

（2）自修复功能 一些高端隐形车衣具有细微划痕自修复能力。

（3）提升车漆亮度 让车辆外观更加亮丽。

隐形车衣的材质和厚度是影响其质量和价格的重要因素。

4. 改色膜

改色膜为车主提供了个性化的汽车外观改装选择。

改色膜具有丰富的颜色和图案可供选择，能够满足车主的不同喜好和创意需求。其特点有以下几点：

（1）易于施工和更换 可以根据车主的意愿随时改变车辆颜色。

（2）良好的附着性 确保在使用过程中不易脱落。

在选择改色膜时，要注意膜的质量、颜色稳定性以及是否符合相关法规。

5. 其他汽车保护膜

除了上述常见的汽车保护膜，还有一些特殊用途的保护膜。

（1）内饰保护膜 用于保护汽车内饰的表面，如中控台、仪表盘等，防止刮擦和磨损。

（2）前照灯保护膜 保护汽车前照灯免受石子撞击和紫外线照射导致老化的影响。

这些保护膜虽然应用范围相对较窄，但在特定情况下也能为汽车的相关部件提供有效的保护。

三、保护膜的基本装贴步骤

1）把要装贴的部位清洗干净。

2）选择合适尺寸或裁剪出合适尺寸的保护膜。

3）撕掉保护膜衬纸，将保护膜粘贴在所需粘贴部位。

4）消除保护膜和漆面之间的空隙和水分，将保护膜牢固地粘贴在车身上。

5）裁出保护膜多余的部分。

任务实施

理想 L9 汽车后保险杠贴膜的操作步骤如下：

1）处理后保险杠漆面，如图 7-58 所示。

2）清水冲洗尾灯边缝，如图 7-59 所示。

图 7-58 处理后保险杠漆面

图 7-59 冲洗尾灯边缝

3）喷洒安装液，如图 7-60 所示。

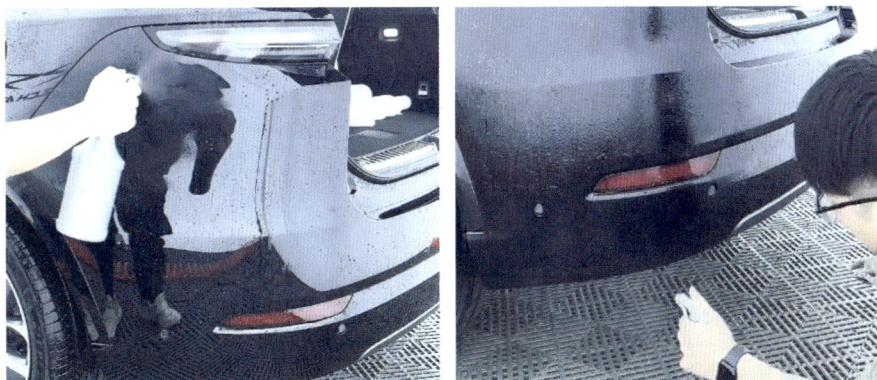

图 7-60 喷洒安装液

4）张贴后保险杠保护膜，如图7-61所示。

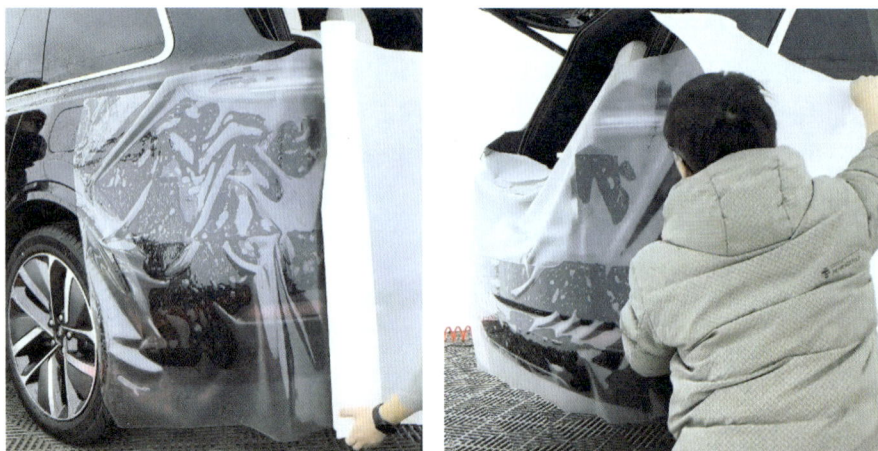

图7-61　张贴后保险杠保护膜

5）补充安装液，如图7-62所示。

6）用蒸汽机烫软保护膜，如图7-63所示。

7）将保险杠下方弧度处的保护膜拉成型并固定，如图7-64所示。

图7-62　补充安装液　　　　图7-63　用蒸汽机烫软保护膜　　　　图7-64　固定保护膜

8）拉伸保护膜上方斜对角，散开上方褶皱，如图7-65所示。

9）向保护膜内喷入清水，如图7-66所示。

图7-65　散开褶皱　　　　　　　　　图7-66　向保护膜内喷入清水

10）用蒸汽机烫软保护膜，拉平上方褶皱并固定，如图 7-67 所示。

a)   b)

图 7-67　用蒸汽机烫软保护膜并拉平上方褶皱

11）裁去尾灯处多余的保护膜并固定，如图 7-68 所示。

12）向保护膜内喷涂安装液，并均匀分散，如图 7-69 所示。

图 7-68　裁去多余的保护膜并固定

图 7-69　向保护膜内喷涂安装液并
均匀分散

13）排出保护膜内的气泡，如图 7-70 所示。

14）用蒸汽机烫软保险杠下方的保护膜，并向内部喷入适量清水，如图 7-71 所示。

图 7-70　排出气泡

图 7-71　用蒸汽机烫软保护膜并
喷入清水

15）将保护膜卡入保险杠缝隙内部，并排出保护膜内部的清水，如图7-72所示。

a)　　　　　　　　　　　　b)

图7-72　将保护膜卡入保险杠缝隙内部并排出清水

16）裁去保险杠拐角处多余的保护膜，如图7-73所示。

17）向保护膜内喷入适量清水，用蒸汽机将保护膜加热烫软，并将保护膜向凹槽内拉伸，排出清水和气泡，如图7-74所示。

18）精裁凹槽内的保护膜，并用蒸汽机烫软保护膜，精修凹槽保护膜，如图7-75所示。

19）贴好的理想L9汽车后保险杠膜，如图7-76所示。

图7-73　裁去保险杠拐角处多余保护膜

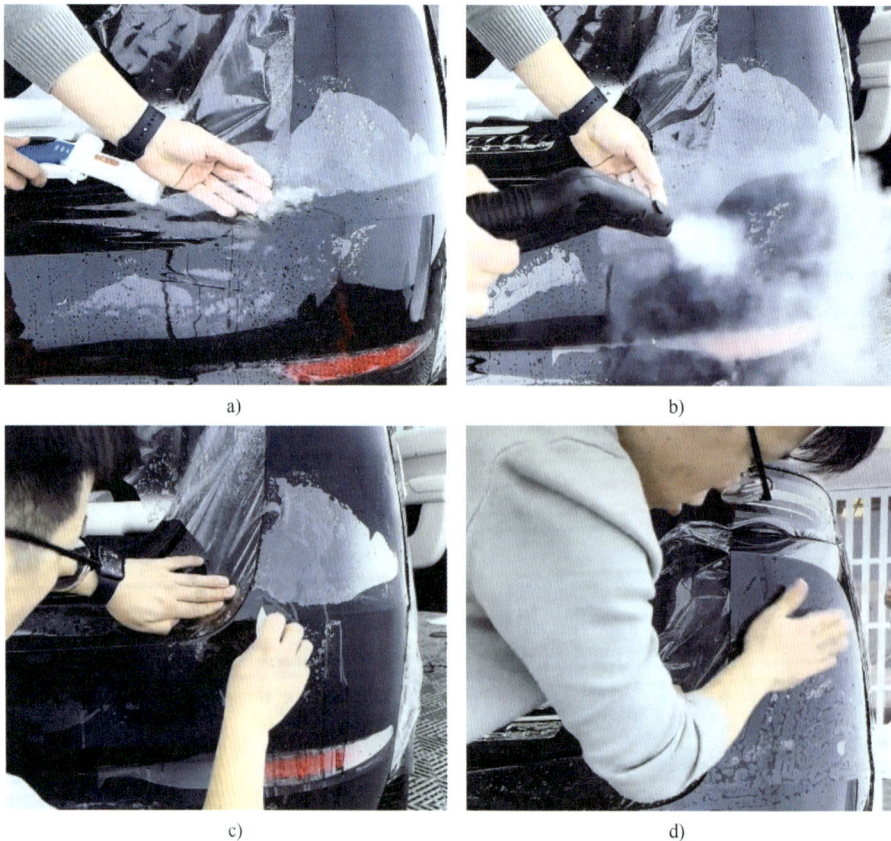

a)　　　　　　　　　　　　b)

c)　　　　　　　　　　　　d)

图7-74　向保护膜喷清水、烫软、拉伸、排水和气泡

116

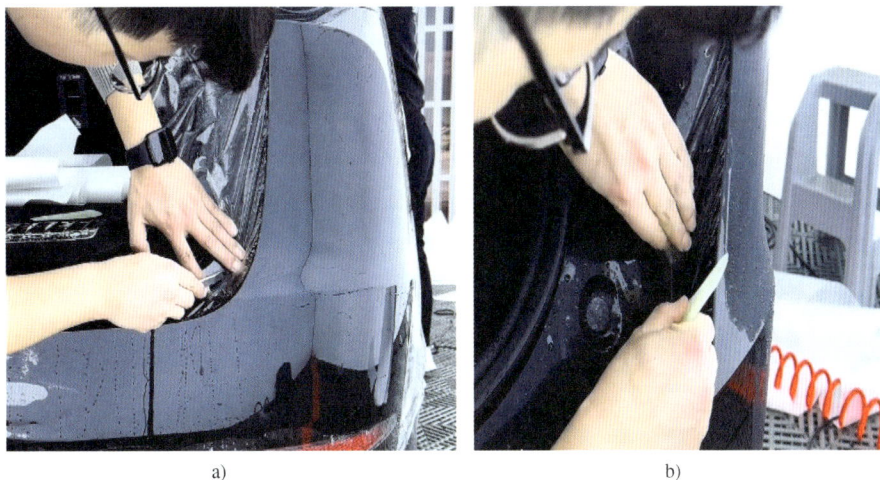

a) b)

图 7-75　精裁、精修凹槽保护膜

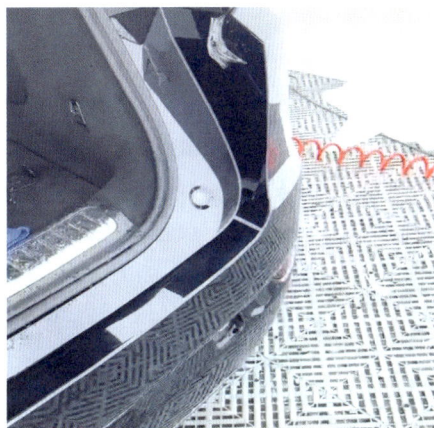

图 7-76　贴好的理想 L9 汽车后保险杠膜

考核评价

粘贴汽车保护膜考核标准

考核时间：120min　考核总分：100 分

考 核 项 目	评 分 标 准	得　分
一、工作准备（5 分）		
1. 穿着工作服、安全鞋	未穿着工作服扣 1 分，未穿着安全鞋扣 1 分	
2. 准备并清点实训用品及工具	工具准备不正确，每项扣 1 分；未做，扣 1 分	
3. 场地及教具准备	场地及教具准备不正确，每项扣 1 分	
二、车门把手贴膜（20 分）		
1. 处理门把手漆面	未正确处理门把手漆面扣 4 分	
2. 裁剪合适的膜	未裁剪出合适的膜扣 4 分	
3. 把已裁好的"犀牛皮"放入拉手内并与原车拉手轮廓一致	未做扣 4 分	
4. 排除保护膜内的水，使保护膜与漆面充分贴紧	未排除保护膜内的水扣 2 分，未使保护膜与漆面充分贴紧扣 2 分	
5. 清除门把手周围的余水	未清除门把手周围的余水扣 4 分	

（续）

考 核 项 目	评 分 标 准	得　分
三、后视镜贴膜（30 分）		
1. 漆面清洁	未进行漆面清洁扣 5 分	
2. 裁剪合适的膜	未裁剪出合适的膜扣 5 分	
3. 将裁好尺寸的"犀牛皮"粘贴对位	未正确粘贴对位扣 5 分	
4. 使用工具刮压保护膜，使其贴平整	未使用工具刮压保护膜，使其贴平整扣 5 分	
5. 裁剪掉多余的部分	未裁剪掉多余的部分扣 5 分	
6. 清除周围的余水	未清除周围的余水扣 5 分	
四、车门内饰板下侧贴膜（35 分）		
1. 按照实际长度裁剪保护膜	未按照实际长度裁剪保护膜扣 5 分	
2. 将需要贴膜的位置擦拭干净	未将需要贴膜的位置擦拭干净扣 5 分	
3. 用水或酒精打湿需要粘贴的表面	未用水或酒精打湿需要粘贴的表面扣 5 分	
4. 撕去保护膜底纸，贴好保护膜	未撕去保护膜底纸，贴好保护膜扣 5 分	
5. 用塑料刮板把膜内的水刮出	未正确用塑料刮板把膜内的水刮出扣 5 分	
6. 用塑料刮板把边角刮平	未正确用塑料刮板把边角刮平扣 5 分	
7. 把边角多余的部分用剪刀修剪刮平	未进行修剪扣 5 分	
五、完工检查（10 分）		
1. 检查遮盖物去掉情况	遮盖物未去掉或者未全部去掉扣 2 分	
2. 检查附件安装情况	附件未安装或者未全部安装扣 3 分	
3. 整理、清洁所有工具、设备和用品	未做扣 5 分	
合计		

任务三　前阻风板和后尾翼板装饰

任务目标

1. 掌握前阻风板和后尾翼板的安装目的。
2. 掌握前阻风板和后尾翼板的安装注意事项。

任务描述

小胡购置了一辆比亚迪汉纯电动汽车，在之后的使用中，感觉外观还不够好看，一位朋友告诉他可以加装一套后尾翼。于是小胡决定加装一套后尾翼，加装完成后小胡感觉非常满意。

知识储备

为了提高汽车的性能和装饰水平，现在逐步流行安装前阻风板和后尾翼板。

一、前阻风板的安装

1. 安装前阻风板的目的

在行车过程中，特别是在高速行车时，伴随着汽车的前进，路面上的空气会对汽车产生阻力。在汽车底盘下的气流会钻进车体底部不同形状的漏口里，由此产生阻力，阻碍汽车行进。当气流通过汽车底部时，会对车体前部和发动机底部产生压力，这种压力使车体前端产生略为向上抬起的提升力，导致轮胎抓地能力降低，从而影响汽车转向的控制能力。

无阻风板时汽车前端的受力情况如图 7-77 所示。

尽可能减小前端阻力和提升力，提高行车安全性，这就是安装前阻风板的目的。

2. 减小前端提升力和阻力的措施

由于汽车在行车时，会受到前端气流的作用而影响行车安全性，因此为减小前端阻力，减小提升力，目前可采取如下两种措施：

（1）提高汽车底盘下表面的光滑性　为减小汽车底部空气的压力和阻力，可以使发动机下部及底盘下表面尽量平顺、光滑，减少凹凸变形的部位。

（2）安装前端阻风板　在前保险杠的下部安装一个前阻风板，这是普遍采用的减小前端提升力的措施。前阻风板是一块坚固的、裙幅式的板。安装阻风板后，阻风板对前端气流起到导流作用，减少前端气流从发动机下部和底盘下部通过，从而减小其阻力、压力和前端提升力。有阻风板时汽车前端的受力情况如图 7-78 所示。

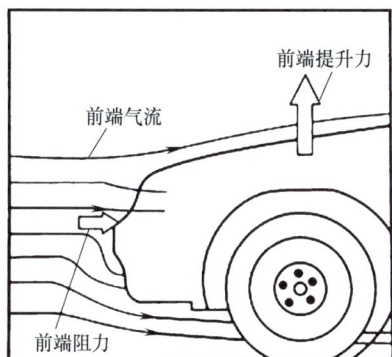

图 7-77　无阻风板时汽车前端的受力情况

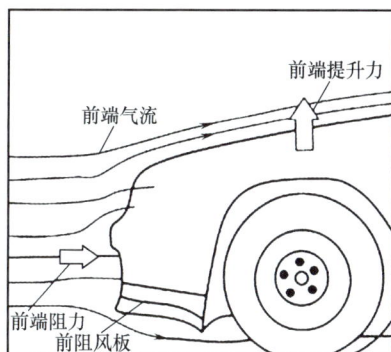

图 7-78　有阻风板时汽车前端的受力情况

3. 前阻风板的安装

1）选择前阻风板。目前，在汽车配件市场上，有同系列、多品种的前阻风板产品可供选择。选择时，应尽量选择与车型相同的规格产品，这样，质量有保证、方便安装。若不是同车型的前阻风板，则必须先仔细阅读产品说明书，确认是否可通用安装，再仔细查核对外形、安装位置和安装尺寸，以防安装时装不上。同时，还要检查配件质量，必须是合格产品。

2）安装施工。仔细阅读产品说明书，特别要弄懂安装条件和施工要求，做好安装前的准备工作。前阻风板的安装一般都是用螺钉联接，固定在车体前端的保险杠下部。在安装前，要对保险杠的相关部位进行清洗处理并擦拭干净。在安装前阻风板时，常常需要钻相应的安装孔，一般可用手电钻钻孔。

二、后尾翼板的安装

1. 安装后尾翼板的目的

在汽车行驶中，后端气流从顶部、两侧及底部流过，使汽车受到阻力和提升力的作用，因此影响汽车行驶的安全性，使操纵不稳定，也会对汽车产生破坏作用。

无后尾翼板时汽车后端气流及受力情况如图7-79所示。

为减小后端气流对行车的影响，减小后端提升力及阻力，提高行车的安全性，可采取安装后尾翼板的措施。

2. 减小后端提升力和阻力的措施

（1）车型设计时考虑气流的影响　汽车行驶时，紧贴车身轮廓的气流称为层流。层流会对汽车产生阻力和提升力，影响行车的安全性，特别是对后窗影响较大。经过试验确定，后窗与水平线保持25°左右时，其阻力和提升力较小。所以，许多两厢式车就是在此基础上设计后窗的。

（2）紧闭汽车的门窗　在行车时，如果车门窗开着，室内就会有大量的气流从前端进入，随后从后端排出，在车内形成散乱的涡流，这时气流对汽车的阻力和提升力将显著增加。所以，在行车时紧闭汽车的门窗是非常必要的。

（3）安装后尾翼板　人们针对汽车后端的阻力和提升力问题，研制出后尾翼板（又称为扰流板）。

后尾翼板有不同的形状尺寸，特点是狭长，表面平滑，安装在车上且翘出车体，用以消除扰乱气流，改变后端气流的流动状态，从而减小后端气流对车的阻力和提升力。有后尾翼板时汽车后端的气流及受力情况如图7-80所示。

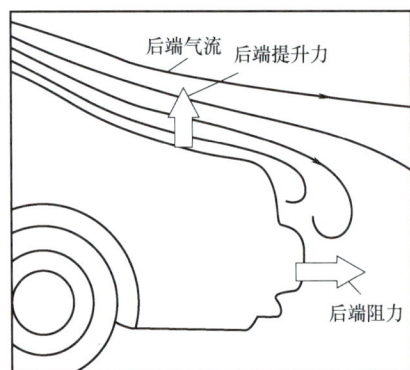

图 7-79　无后尾翼板时汽车后端的气流及受力情况

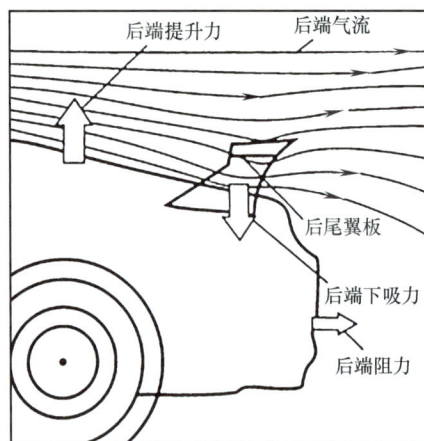

图 7-80　有后尾翼板时汽车后端的气流及受力情况

3. 后尾翼板的安装

1）选择尾翼板。后尾翼板的形状尺寸差异较大，选择时，应按车型要求，尽量选用与车型相配套的后尾翼板。若无配套的后尾翼板，可按后尾翼板的产品说明书和车型状况，尽量选用近似车型的后尾翼板。

2）清洗安装部位。一般后尾翼板都安装在行李舱盖板上，大都用螺钉联接，可以用清洗剂擦洗行李舱盖板并擦干，保持干净整洁。

3）按安装要求，钻后尾翼板的安装孔。这些安装孔钻在行李舱盖板的相应位置上。

4）在行李舱盖的安装孔与后尾翼板的结合处涂上硅胶，以防漏水。

5）将固定螺钉由行李舱内侧往外逐一固定锁紧。

6）为了提高防漏水的可靠性，固定后，在固定架周围涂上透明硅胶。

有的后尾翼板可采用粘贴法安装。这种方法不在行李舱盖板上钻孔，不会发生漏水现象。但是，其稳固性和可靠性要差一些。使用一段时间后，有剥落掉下的现象发生。

任务实施

1. 选择合适的后尾翼板

市场上，有很多种后尾翼板可供选择，根据具体车型选用配套的后尾翼板（图 7-81）。备好安装工具：电钻、合适的钻头和螺丝刀等。特别注意安装条件和施工要求。

2. 清洗安装部位并标记钻孔位置

一般后尾翼板都装在行李舱的盖板上，可用清洁剂清洗并保持安装位置的清洁。按照安装要求，试装后尾翼板，以便确定安装孔位置，如图 7-82 所示。

图 7-81　后尾翼板

3. 实施钻孔

按照安装要求，给后尾翼板的安装位置钻孔，如图 7-83 所示。

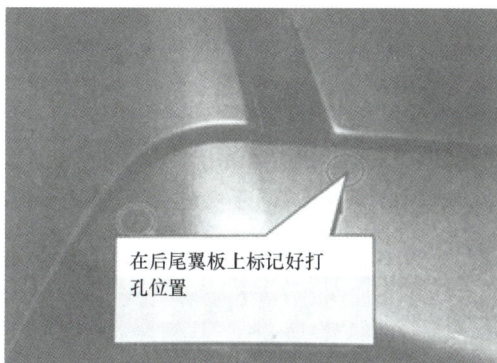

在后尾翼板上标记好打孔位置

图 7-82　确定安装孔位置

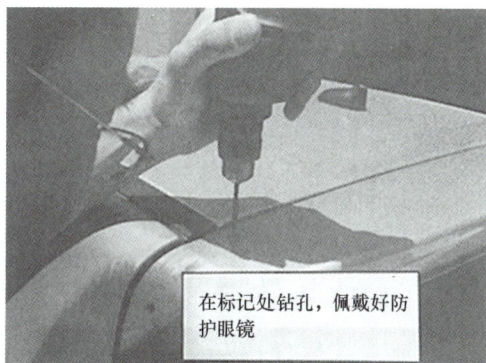

在标记处钻孔，佩戴好防护眼镜

图 7-83　钻孔

4. 安装前准备

根据要求，将泡沫垫左右分别对应贴好，使后尾翼板和车身接触部位没有缝隙，如图 7-84 所示。有的是在孔的周围贴一块胶皮，也有的在安装孔与后尾翼板的结合处涂上透明硅胶。目的都是避免安装孔在雨天漏水。

5. 固定安装

将固定螺钉由行李舱内侧往外逐一固定拧紧，如图 7-85 所示。

左右对应贴好泡沫垫，防止雨天漏水

图 7-84　安装前准备

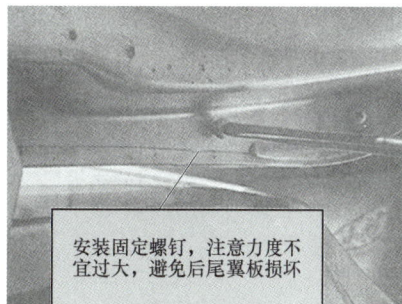

安装固定螺钉，注意力度不宜过大，避免后尾翼板损坏

图 7-85　固定安装

考核评价

安装后尾翼板考核标准

考核时间：120min　考核总分：100 分

考核项目	评分标准	得　　分
一、工作准备（20 分）		
1. 穿着工作服、安全鞋	未穿着工作服扣 1 分，未穿着安全鞋扣 1 分	
2. 准备并清点实训用品及工具	工具准备不正确，每项扣 1 分；未做，扣 1 分	
3. 场地及教具准备	场地及教具准备不正确，每项扣 1 分	
二、后尾翼板安装（60 分）		
1. 选择合适的后尾翼板	未选择合适的后尾翼板扣 20 分	
2. 清洗安装部位并标记钻孔位置	未清洗安装部位扣 5 分，未标记钻孔位置扣 5 分	
3. 实施钻孔	钻孔不合格每处扣 10 分	
4. 安装前准备	未进行安装前准备扣 5 分	
5. 固定安装	固定安装不合格扣 20 分	
三、完工检查（20 分）		
1. 检查遮盖物去掉情况	遮盖物未去掉或者未全部去掉扣 5 分	
2. 检查附件安装情况	附件未安装或者未全部安装扣 10 分	
3. 整理、清洁所有工具、设备和用品	未做扣 5 分	
合计		

任务四　车身大包围装饰

任务目标

1. 能够根据车型正确挑选包围装饰。
2. 掌握安装大包围的注意事项。

任务描述

　　小刘购置了一辆领克 03 汽车，在之后的使用中，感觉外观还不够好看，一位好友告诉他可以加装大包围。于是小刘决定加装一套大包围，加装完成后小刘感觉非常满意。

知识储备

　　车身大包围是车身下部宽大的裙边装饰，又称作汽车车身外部扰流组件，具有减少汽车行驶时产生的逆向气流，同时增加汽车下压力的功能，使汽车行驶时更加平稳。加装大包围后，汽车在外观上更能突出个性。

一、大包围的作用

汽车大包围一般由前包围、侧包围和后包围组成，在一些车型上还包括轮眉、挡泥板和门饰板等。现在很多车型都安装了大包围，加装大包围后，汽车变得更加美观，给人以雍容气派之感，车身更富有动感。

车身大包围的学名是空气扰流组件，也称为车身套件或空气动力学套件，起源于赛车运动，主要用于改善车身周围的气流对运动中的车身稳定性的影响。它的主要作用是减少汽车行驶时所产生的逆向气流，同时增加汽车的下压力，使汽车行驶时更加平稳，从而减少耗油量。此外，大包围还能增强车辆的稳定性、操控性，并提供更具侵略性的外观。虽然多数汽车安装大包围主要是从美观角度考虑，但尾翼等部件在改善空气动力学方面也起到了重要作用。目前，国内市场上的"大包围"大多不具备赛车级别的功能，更多是为美观而设计。图7-86和图7-87分别为领克03汽车和比亚迪汉汽车大包围效果图。

图 7-86　领克 03 汽车大包围的效果图

图 7-87　比亚迪汉汽车大包围的效果图

二、大包围的分类

目前，市面上的大包围按照制作材料的不同可以分为以下两类：

1. 玻璃钢大包围

利用玻璃钢制作大包围套件，制作方便，对模具和生产设备要求不高，成本低廉，所以一般的大包围材料首选玻璃钢。但是由于材料物理性能的缺陷，玻璃钢大包围比较脆，抗冲击能力极低；此外，由于其塑性低，安装、打孔过程也比较麻烦。

2. 合成橡胶大包围

合成橡胶（PU）是目前高档汽车所采用的汽车外装饰件材料，由于其具有抗冲击、不易变形、

123

不易断裂、耐候性好（-40~80℃）且环保无公害等诸多优点，已成为国际汽车装饰业界公认最适合做汽车装饰板的原材料。PU大包围由钢模做成产品，规格标准；安装非常容易（两名工人约10min可以安装完一辆汽车的大包围）；采用PU液体原料灌注而成，外形平整、光滑，表面喷涂亮漆后，外观非常靓丽。

三、大包围的制作和安装

1. 大包围的制作

下面以传统的玻璃钢大包围为例，简单介绍一下大包围的制作工艺：

首先用玻璃钢做出大包围的形状，成为主模；然后在主模的内部喷涂胶衣（它是大包围的表面，其形状决定着大包围的表面形状），等胶衣干后，把预先裁好的纤维往主模上铺，一般要铺3~5层，等待1~4h，玻璃钢干透后即可脱模；最后，将毛坯进行打磨处理，喷涂专用的玻璃钢（FRP）底漆后再喷面漆和烤漆，大包围的制作就完成了。

2. 大包围的安装

大包围的安装过程相对来说比较简单，前包围、后包围和侧包围的安装步骤基本相同，现按其中的一种介绍如下：

1）准备好安装所需的工具和材料。一般常用的工具有手电钻、锤子、螺钉旋具、活扳手和钳子等，准备好大包围及其附属零件并按照安装说明做好各种处理工作。

2）对大包围的安装部位进行擦拭和清洗，去除油污和污垢，使之清洁、干燥。

3）在车身上安装大包围的相应部位贴上保护用的皱纹纸，防止在安装过程中碰坏车身油漆。

4）将大包围在车身相应位置上试放一下，观察两者的贴合程度。注意：安装侧包围时，应该把车门打开；安装后包围时，注意排气管。

5）取下大包围，按照试放的效果对大包围进行修整，将大包围修边角和去毛刺，按照安装要求在车身下端钻好安装孔，并去掉孔边周围的毛刺。

6）安装大包围。施力时应注意技巧，要使车身与大包围紧密地贴合，避免用力过猛而造成它们的损坏。必要时可以在大包围内侧与车身贴合的位置涂上专用的胶水。

7）拧紧固定螺钉。最好在螺母上涂上油漆，使之与车身颜色协调。至此，大包围的安装过程完成。

任务实施

1）选择合适的大包围饰件，如图7-88所示。根据车型选择合适的大包围，目前装饰件生产厂生产的大包围总成件都是以特定车型设计制作的。配套时要考虑车身颜色、前后协调和总体平衡。

2）准备好安装工具和材料，如图7-89所示。常用的工具有电钻、锤子、螺丝刀、活扳手和钳子等。仔细阅读安装说明书并做好相关准备。

3）用电动砂轮机把大包围边角的毛刺修整平滑，如图7-90所示。

注：操作电动砂轮机时的力度不要过大，防止打磨过度。

4）为保护车身油漆，在和唇边接触的地方贴上皱纹纸，如图7-91所示。

5）把前唇、后唇放到车上对位，如图7-92所示。

6）根据对位的结果，适当调整大包围，如图7-93所示。

7）涂上专用胶水，如图7-94所示。

图 7-88　选择合适的大包围饰件

图 7-89　准备工具及材料

图 7-90　修整毛刺

图 7-91　贴皱纹纸

图 7-92　对位

图 7-93　调整大包围

8）再次进行位置、虚位的检查，如图 7-95 所示。

9）把保护用的皱纹纸固定在保险杠上，如图 7-96 所示。

图 7-94　涂上专用胶水

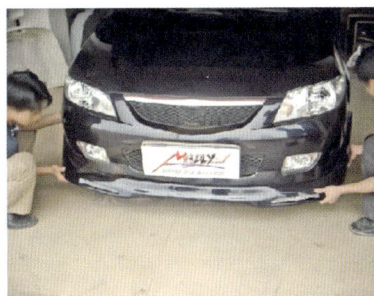

图 7-95　检查

图 7-96　固定保护用的皱纹纸

10）按前包围的安装位置要求，在包围上钻好安装孔，如图 7-97 所示，并把孔边处理平滑，去掉毛刺。

11）安装好固定螺钉，并在螺钉上涂上油漆，如图 7-98 和图 7-99 所示。

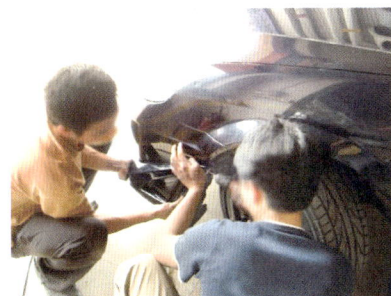

图 7-97　在包围上钻上安装孔

图 7-98　安装固定螺钉并涂上油漆

12）检查车身和保险杠的密合度、包围与车身的密合度，如图 7-100 所示。

13）检查包围与保险杠的密合度、裙边与车身的密合度，如图 7-101 所示。

| 图 7-99　安装完成后的局部特写 | 图 7-100　检查包围与车身的密合度 | 图 7-101　检查裙边与车身的密合度 |

考核评价

大包围的安装考核标准

考核时间：120min　考核总分：100 分

考 核 项 目	评 分 标 准	得　分
一、工作准备（5 分）		
1. 穿着工作服、安全鞋	未穿着工作服扣 1 分，未穿着安全鞋扣 1 分	
2. 准备并清点实训用品及工具	工具准备不正确，每项扣 1 分；未做，扣 1 分	
3. 场地及教具准备	场地及教具准备不正确，每项扣 1 分	
二、大包围的安装（80 分）		
1. 选择合适的大包围饰件	未选择合适的大包围饰件扣 15 分	
2. 准备好安装工具和材料	未准备好安装工具和材料扣 10 分	
3. 用电动砂轮机把大包围边角的毛刺修整平滑	未将毛刺修整平滑扣 5 分	
4. 贴上皱纹纸	未贴皱纹纸扣 5 分	
5. 把前唇、后唇放到车上进行对位	未将前后唇进行对位扣 5 分	
6. 根据对位的结果，适当调整包围	未适当调整大包围扣 5 分	
7. 涂上专用胶水	未涂专用胶水扣 5 分	
8. 再次进行位置、虚位的检查	未再次检查扣 5 分	
9. 把保护用的皱纹纸固定在保险杠上	未固定皱纹纸扣 5 分	
10. 在包围上钻好安装孔，并把孔边处理平滑，去掉毛刺	钻孔不合格每处扣 5 分	
11. 安装好固定螺钉，并在螺钉上涂上油漆	安装好的螺钉上未涂油漆扣 5 分	
12. 检查包围与保险杠的密合度、裙边与车身的密合度	未检查密合度扣 5 分	
13. 检查车身和保险杠的密合度、包围与车身的密合度	未检查密合度扣 5 分	
三、完工检查（15 分）		
1. 检查遮盖物去掉情况	遮盖物未去掉或者未全部去掉扣 5 分	
2. 检查附件安装情况	附件未安装或者未全部安装扣 5 分	
3. 整理、清洁所有工具、设备和用品	未做扣 5 分	
合计		

课 后 测 评

一、填空题

1. 彩条装饰步骤包括_____、_____和_____。

2. 车膜的种类包括_____和_____。

3. 优质的太阳膜具备的特点包括_____、_____和_____。

4. 减小后端提升力和阻力的措施包括_____、_____和_____。

5. 大包围按照制作材料的不同可分为_____和_____两类。

二、判断题

1. 一般研磨剂中都含有较坚硬的浮石做的摩擦材料。　　　　　　　　（　　）

2. 美术油漆工艺不仅具有对涂物的保护作用，还有美化装饰的作用。　（　　）

3. 市场上的彩条所用材料绝大部分是塑料制品和金属制品，以塑料居多。（　　）

4. 彩条粘贴后，必须平整、光滑，不允许有褶皱。　　　　　　　　　（　　）

5. 当气流通过汽车底部时，可对车体前部和前机舱底部产生压力。　　（　　）

6. 前阻风板的安装一般都是螺钉联接，固定在车体前端的保险杠下部。（　　）

7. 汽车大包围是指车身下部宽大的裙边装饰。　　　　　　　　　　　（　　）

8. 汽车在安装大包围后，使得车身加长、重心降低，提高了汽车行驶的稳定性。（　　）

9. 隐形车衣是一种透明的聚氨酯薄膜，贴在汽车的漆面表面，如同给车辆穿上了一层隐形的防护服。　　　　　　　　　　　　　　　　　　　　　　　　　（　　）

三、简答题

1. 简述车身漆膜喷涂的目的。

2. 简述粘贴彩条的要求。

3. 简述保护膜的基本粘贴步骤。

4. 简述大包围的安装步骤。

5. 简述汽车彩条粘贴的步骤。

项目八 汽车室内装饰

任务一 汽车顶篷内衬装饰

任务目标

1. 了解汽车顶篷内衬的材料和分类。
2. 掌握汽车顶篷内衬的装饰原则。
3. 掌握汽车不同顶篷内衬的装饰方法。
4. 能够在教师的指导下，根据操作规范完成汽车顶篷内衬的装饰。

任务描述

一位轿车车主的爱车北汽新能源 EU5 已经买了五年多的时间，平时用车比较多，加上日常护理不仔细，现在汽车室内的装饰已经过时了，尤其是顶篷内衬沾满了灰尘，很难清理，于是想要重新装饰，换个新的顶篷。

要完成汽车顶篷内衬的装饰，首先需要了解汽车顶篷内衬的材料和分类，然后掌握汽车顶篷内衬的装饰原则和方法。

知识储备

一、汽车顶篷内衬

顶篷内衬是汽车整车内饰的重要组成部分，它的主要作用是提高车内的装饰性，同时还可以增强与车外的隔热、绝热效果；减小车内噪声，增强吸声效果；提高乘员乘坐的舒适性和安全性。

顶篷材料一般有 PET（涤纶）无纺布、PU 复合板、PVC 发泡板和 PS 发泡板等。

1. PET（涤纶）无纺布

PET（涤纶）无纺布表面颜色均匀一致，无杂色毛丝，具有强度高、耐高温性能好（可在150℃环境中长期使用）、耐老化、抗紫外线、延伸率高、稳定性和透气性好、耐腐蚀、隔声、防蛀和无毒的特点。PET（涤纶）无纺布如图 8-1 所示。

2. PU 复合板

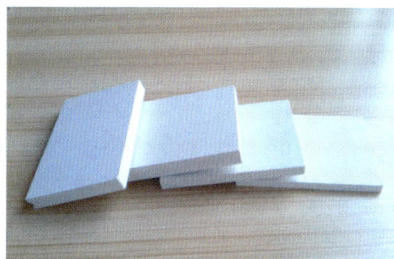

PU 复合板即聚氨酯复合板，广泛用于冶金、石油、汽车、选矿和水利等领域，有良好的吸声、隔热性能等优点，是制造顶篷的理想材料，目前已经广泛应用于各类乘用车；缺点是韧性差，易折断。PU 复合板如图 8-2 所示。

3. PVC 发泡板

PVC 发泡板又称为雪弗板和安迪板，其化学成分是聚氯乙烯（Polyvinyl Chloride），所以也称为泡沫聚氯乙烯板。其密度小、韧性好、比强度高、阻燃（自熄）性高、价格低，具有优良的耐化学腐蚀性能，加热成形工艺性非常好，广泛应用于汽车装饰行业，如宇通大客车。PVC 发泡板如图 8-3 所示。

4. PS 发泡板

PS 发泡板以 PS 为原料，加入发泡剂，利用挤出机挤出、模口发泡生产；耐热温度比 PVC 发泡板高，耐热温度可以达到 90~100℃，比较适合于制造低档汽车顶篷，不适合于高档汽车顶篷。PS 发泡板如图 8-4 所示。

图 8-1　PET（涤纶）无纺布　　　　图 8-2　PU 复合板　　　　图 8-3　PVC 发泡板

二、汽车顶篷内衬的分类

汽车顶篷内衬基本可分为成形型、吊装型和粘贴型 3 种。

1. 成形型顶篷内衬

成形型顶篷内衬所使用的材料由基材、填充材料和表皮材料三部分组成。基材一般使用浸树脂的再生棉或玻璃纤维、聚苯乙烯泡沫材料板。填充材料一般使用聚氨酯或聚烯烃树脂泡沫塑料。表皮材料主要使用聚氯乙烯，也有织物，并且织物的成分逐年增多。填充材料和表皮材料一起粘贴在基材上。成形型顶篷内衬如图 8-5 所示。

2. 吊装型顶篷内衬

吊装型顶篷内衬是用钢丝网吊起来的一种结构，由隔热、隔声层、钢丝网和表皮材料构成。表皮材料通常采用 PVC 片材或 PVC 人造革、织物等。为了隔热及隔声，绝缘材料放在顶板和衬层之间，多应用在大中型客车和旅行车上。吊装型顶篷内衬如图 8-6 所示。

图 8-4　PS 发泡板　　　　图 8-5　成形型顶篷内衬　　　　图 8-6　吊装型顶篷内衬

3. 粘贴型顶篷内衬

粘贴型顶篷内衬是把填充材料和表皮材料压成形之后，直接贴到顶篷上，其填充材料主要是聚氨酯发泡体、PVC发泡体，表皮材料主要是PVC片材、织物等。在应用上，成形型顶篷一般用于轿车等小型车上，而粘贴型顶篷和吊装型顶篷多用于货车、客车、面包车和低档轿车上。

三、汽车顶篷内衬的装饰注意事项

1. 选材、方法很关键

顶篷的内衬表皮装饰，关键是表皮材料、黏结剂、粘接工艺的正确选用，相互之间必须是配套、协调的；主色应与车厢内部的内饰和谐，否则其装饰效果不佳。

2. 电风枪加热必须控制好温度

用电风枪加热时，必须控制好温度，温度过高，易损伤内衬结构或表皮。用电熨斗熨平橘皮时，也要控制好加热温度，要适度移动，停留在一处的时间不能过长，否则易损坏内衬表面，影响装饰效果。

3. 适时、恰当地除去气泡

在粘贴过程中，若发现有气泡，可用刚性的塑料刮板除去气泡，当黏结剂还没有固化时，也可用塑料压板施加压力，除去橘皮。

4. 必要时需对车窗、座椅和地板进行遮盖

在清洗或涂胶时，要特别注意不要把清洗剂、胶液等洒落到车窗、座椅和地板上，必要时，要对这些部位进行遮盖。

5. 用手工粘贴法进行维修装饰

一般情况下，汽车顶篷内衬不易受到损坏，汽车顶篷内衬表皮在使用一段时间后，会有变色、老化现象，或者因清洗或使用不当而产生擦伤或划伤，这时需要对内衬表皮材料进行更换和装饰。这样的维修装饰对象是单件车辆，不可能出现同时小批量装饰的情况，所以，在选择维修装饰的方法时，应以手工粘贴法进行维修装饰。

四、汽车顶篷内衬的装饰原则

1. 装饰风格应统一

汽车顶篷内衬的装饰要和整体的汽车内饰风格相互协调、统一。

2. 装饰应与原车兼容

当更换或者改装汽车顶篷内衬时，要注意与原车内饰兼容。

3. 保证装饰施工质量

在对汽车顶篷内衬进行装饰的各个环节中，都要保证施工质量和要求。

任务实施

1. 工作准备

准备好需要更换顶篷内衬的北汽新能源EU5轿车、内饰拆装扳手、螺丝刀、手套、抹布、毛巾等。

2. 成形型旧顶篷内衬的拆卸

新款顶篷大多为模压成形的掀压式顶篷，这种顶篷的更换方法比较简单。

1）拆扶手。如图8-7所示，首先撬开装饰盖，然后用螺丝刀拧掉螺钉。依次拆掉所有扶手（收好扶手、螺钉和保护盖，以免丢失）。

2）拆卸遮阳板。如图8-8所示，遮阳板是用螺钉固定的，拆下遮阳板两侧螺钉即可拆下遮阳板。

3）拆卸阅读灯。如图8-9所示，用内饰拆装扳手先从中间撬开，再根据情况撬开两边，最后

拔下插头，取出阅读灯。

4）拆卸车门密封条。如图 8-10 所示，可用手直接拆下，并检查密封条的好坏。如果密封条已老化，需要更换新的密封条。安装密封条之前，密封条需要覆盖之处应做好清洁工作，最好能涂一层保护剂。

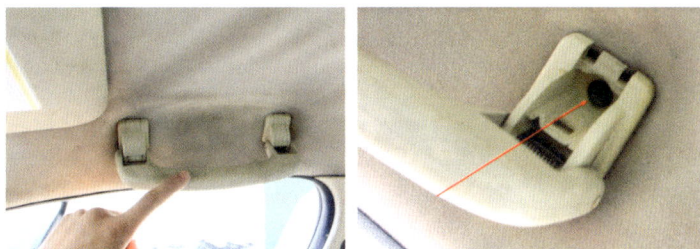

图 8-7　拆扶手

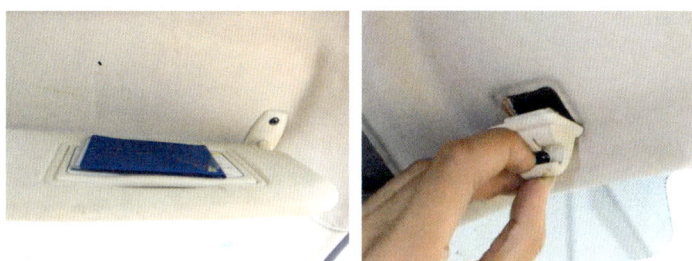

图 8-8　拆卸遮阳板

图 8-9　拆卸阅读灯

5）撬开 A/B/C 装饰板。如图 8-11 所示，直接用内饰拆装扳手撬开即可，应注意安全、防止撬坏。

图 8-10　拆卸车门密封条

图 8-11　撬开 A/B/C 装饰板

6）放平座椅，取出顶篷，如图 8-12 所示。可两人协作共同完成。

3. 新顶篷内衬的安装

1）选择合适的新顶篷放入车内，如图 8-13 所示。新顶篷放入车内后不要取出包装，以免弄脏顶篷。

2）顶篷放到 A/B/C 装饰板内。如图 8-14 所示，将新的顶篷放到合适位置，把顶篷分别装到 A/B/C 装饰板内，比对各个孔位是否对应，与装饰板衔接是否有缝隙。

3）安装遮阳板。如图 8-15 所示，安装遮阳板时，螺钉先不要拧太紧，后期可能会进行轻微调整。

4）依次安装扶手。如图 8-16 所示，如果孔位有偏差，可松开螺钉进行前后调整。

图 8-12　取出顶篷

图 8-13　放入新顶篷

图 8-14　顶篷放到 A/B/C 装饰板内

图 8-15　安装遮阳板

图 8-16　安装扶手

5）安装阅读灯。如图 8-17 所示，先连接好插头，然后安装阅读灯；拧紧全部螺钉，扣好装饰板。

6）安装车门密封条。如图 8-18 所示。

图 8-17　安装阅读灯

图 8-18　安装车门密封条

4. 完工检查

1）检查新顶篷的安装情况。

2）整理、清洁所有使用到的工具、用品和设备。按照 5S 要求，清洁使用过的工具、用品和设备并按规定摆放。

3）处理废弃物。

考核评价

成形型顶篷内衬更换考核标准

考核时间：90min 考核总分：100 分

考 核 项 目	评 分 标 准	得 分
一、工作准备（10 分）		
1. 穿着工作服、安全鞋	未穿着工作服扣 2 分，未穿着安全鞋扣 2 分	
2. 准备并清点实训用品及工具	工具准备不正确，每项扣 2 分；未做，扣 2 分	
3. 场地及教具准备	场地及教具准备不正确，每项扣 2 分	
二、成形型旧顶篷内衬的拆卸（40 分）		
1. 拆扶手	未按要求或者未拆下扶手扣 5 分	
2. 拆卸遮阳板	未按要求或者未拆下遮阳板扣 5 分	
3. 拆卸阅读灯	未按要求或者未拆下阅读灯扣 5 分	
4. 拆卸车门密封条	未按要求或者未拆下车门密封条扣 5 分	
5. 撬开 A/B/C 装饰板	未按要求或者未撬开 A/B/C 装饰板扣 10 分	
6. 放平座椅、取出顶篷	未放平座椅扣 5 分，未按要求取出顶篷扣 5 分	
三、新顶篷内衬的安装（40 分）		
1. 选择合适的新顶篷放入车内	未按要求将顶篷放入车内扣 5 分	
2. 顶篷放到 A/B/C 装饰板内	未按要求将顶篷放到 A/B/C 装饰板内扣 10 分	
3. 安装遮阳板	未按要求安装遮阳板扣 5 分	
4. 安装扶手	未按要求安装扶手扣 10 分	
5. 安装阅读灯	未按要求安装阅读灯扣 5 分	
6. 安装车门密封条	未按要求安装车门密封条扣 5 分	
四、完工检查（10 分）		
1. 检查新顶篷的安装情况	未做扣 5 分	
2. 整理、清洁所有护理用品、工具和设备	未做扣 5 分	
合计		

任务二　侧围内护板、车门内护板装饰

任务目标

1. 了解侧围内护板、车门内护板的材料和特点。
2. 掌握侧围内护板、车门内护板的装饰方法和注意事项。
3. 能够合理选择侧围内护板、车门内护板材料、用品，使用工具。
4. 能够在教师的指导下，根据操作规范完成侧围内护板、车门内护板的装饰。

任务描述

侧围内护板、车门内护板装饰作为汽车内室装饰的一部分，在装饰方面要和汽车顶篷内衬等其他内室装饰协调，形成统一的风格。

要完成侧围内护板、车门内护板的装饰，首先应该了解侧围内护板、车门内护板的装饰材料和特点，然后掌握侧围内护板、车门内护板的装饰方法和注意事项等。

知识储备

一、侧围内护板

1. 侧围内护板的结构

侧围内护板是覆盖在车身侧围上的美观整车内部造型及保护乘员的装饰物，主要包括立柱护板、门槛压板和行李舱侧护板等部件。侧围内护板的结构如图 8-19 所示。

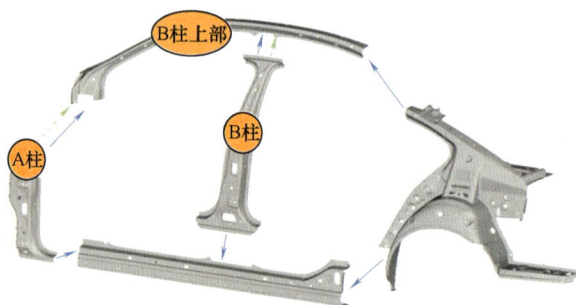

图 8-19 侧围内护板的结构

汽车内饰的侧围护板系统由前至后一般包括 A 柱上、下护板，B 柱上、下护板，C 柱上、下护板，D 柱上、下护板，前、后门槛压板，前、后门槛踏板和行李舱侧护板等。

2. 侧围内护板的材料

基本车型侧围护板的材料有：PP-T20、PP-T15、PP+EPDM-T20、PP/PE 等。一般车型上护板本体可以采用 PP-T20 材料，下护板可以采用 PP+EPDM-T20 材料（增强韧性，方便与周边件的配合），门槛压板的材料可以考虑增加玻璃纤维，装饰亮条可以采用 ABS 材料，隔声垫可以采用毛毡或海绵材料，金属装饰板可以采用不锈钢材料，包覆面料的侧围护板会用到针织面料等。

3. 侧围内护板装饰原则

（1）按车型档次进行装饰 车型不一样，则装饰的要求也不一样。轿车的档次高，要求高，装饰材质高级，装饰工艺精细。而小型客车或旅行车的档次低些，则装饰档次比轿车要低些。

（2）视车况确定装饰方案 一般来说，车况有两种：一是内护板表面完好，只是尘污较多，表皮光泽黯淡；二是表面有轻微划痕或划伤，褪色严重。显然针对两种情况的装饰方法应有所差别。

二、车门内护板

1. 车门内护板的类型和结构

车门内护板按其自身结构、功能、适用的车型和档次等因素综合起来可分为简单经济型、普通型和中高档型。

（1）简单经济型车门内护板　简单经济型车门内护板的特点是结构简单、造型简洁，基本呈平面型，材料价格与制造工艺成本低廉，主要用于货车、客车和吉普车等车型。其结构主要有芯材、衬垫和蒙皮等，根据整车的具体配置要求，可选择芯材、芯材上加蒙皮或芯材与蒙皮之间夹一层衬垫等形式。简单经济型车门内护板如图8-20所示。

（2）普通型车门内护板　普通型车门内护板的特点是结构比较复杂，造型比较符合人机工程学，选材比较讲究，加工设备比较复杂，总体上比较美观，主要用于普通型、中低档轿车车型。其结构主要有芯材、蒙皮、局部衬垫和装饰条等，这类车门内护板有时下部还设有防护板，以延长护板使用寿命和方便清洁。普通型车门内护板如图8-21所示。

（3）中高档型车门内护板　中高档型车门内护板的特点是结构复杂，造型与配置上充分考虑到人机工程学等因素，功能齐全、选材讲究、加工设备与制造工艺复杂，总体上美观不失豪华。其结构主要有芯材、蒙皮、软化件单体、隔声垫、防撞吸振块和指示照明灯等。中高档型车门内护板如图8-22所示。

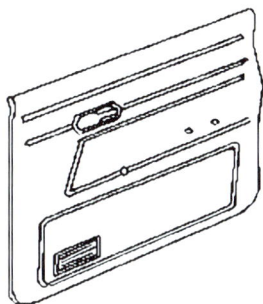

图8-20　简单经济型车门内护板

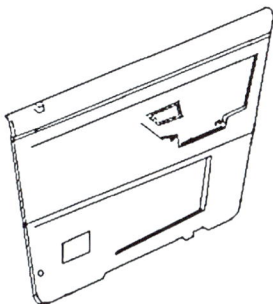

图8-21　普通型车门内护板

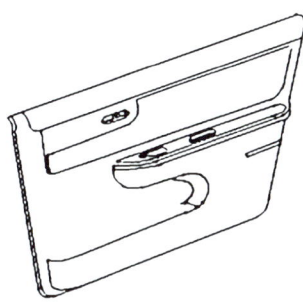

图8-22　中高档型车门内护板

2. 车门内护板装饰方法

根据被装饰汽车的具体情况，对车门内护板可分别采用下述方法进行装饰：

（1）更换新内护板　当原车门内护板已经损伤且不易修复时，应用同车型的新车门内护板进行替换。在更换时，要注意新内护板是否是同规格的，稍有不同就会装不上。

（2）美容护理提高装饰性　当车门内护板整体完好，只是有尘污或稍有褪色现象时，可采取清洁美容护理的方法，使内护板达到焕然一新的效果，成本也较低。

（3）粘贴法装饰　当内护板基本完好，只是护板表皮层表面稍有划伤或刮裂，车主又不愿意更换新的护板时，可采用粘贴法进行装饰。其具体操作方法如下：

1）拆下车门衬板上的一些附件或装饰件，如门把手、杂物袋和装饰压条等物品，并将其清洗干净，干燥后保存好，以备装饰完成后复原安装。

2）用电风枪对表皮边缘加热，使胶体软化，然后用夹钳把表皮拉出，继续向中部逐渐加热，逐渐拉起表皮，直到把表皮全部拉下为止。

3）参照拉下的旧表皮形状尺寸，对新的表皮材料进行裁剪、缝制。

4）进行粘贴，选用适合的黏结剂，按使用要求将新的内护板表皮粘贴到衬板上，要求粘贴后不得有橘皮和气泡，应平整牢固。

5）粘贴完后，待黏结剂固化一定时间后，将原拆下的有关零部件复原安装。

6）清洗护理衬板，这可使新安装上的表皮更加光滑靓丽。

任务实施

1. 工作准备

准备好棘轮扳手、接杆、套筒、卡扣专用拆卸工具、梅花套筒扳手、一字螺丝刀、十字螺丝刀、两用扳手、新前后车门内护板、棉线手套、劳保鞋等。

2. 前车门内护板装饰（更换）

当原车门内护板损伤且不易修复时，需要对车门内护板进行更换。选择同规格的车门衬板，直接安装更换即可。

1）拆除蓄电池负极电缆。打开发动机舱盖，并将蓄电池负极电缆拆除。在拆卸蓄电池之前最好检查玻璃能否正常升降。

2）使用小号一字螺丝刀撬开内拉手装饰扣。撬动塑料卡扣时，用力要适当，禁止野蛮操作，防止塑料卡扣损坏，影响重复使用。

3）使用十字螺丝刀拆卸内拉手装饰扣螺钉。用一只手按住装饰扣，另一只手用十字螺丝刀旋出螺钉。有些车型的内拉手在拆除螺钉后，可直接拆卸内拉手装饰件。

4）使用十字螺丝刀拆卸车门装饰板扶手座上板螺钉，并将螺钉取下。使用螺丝刀拆卸螺钉时，螺丝刀与螺钉要保持垂直，以防拆卸过程中损坏螺钉孔。

5）使用一字螺丝刀将车门扶手座上板从端部轻轻撬开；将车门扶手座上板拉起，并取下车门扶手座。扶手座上板采用卡扣方式与车门装饰板相连接，卡扣有铁片式和塑料扣式两种。撬动时，最好从铁片端进行撬动，因其具有一定的弹性，不容易损坏。

6）将玻璃升降器线束插接器与控制开关分离。如果插接器连接较紧密，可用一字螺丝刀顶住插接器卡扣，并将插接器与控制开关分离。

7）使用塑料撬棒或双手将车门装饰板从下端轻轻拉开，使卡扣与车门分离：双手握住车门装饰板总成两端，向上轻轻提拉，将车门装饰板总成与车门分离，如图8-23所示。拆卸过程中，如果装饰板密封较紧，可使用卡扣专用拆装工具或一字螺丝刀，插入装饰板与车门卡扣连接处，轻轻撬动装饰板，使卡扣与车门脱离。

图8-23 车门装饰板总成与车门分离

8）分离车门锁止拉锁，取下前车门内护板。将门把手分总成与车门内侧锁止拉索分离，将车门装饰板总成取下，如图8-24所示。车门内侧锁止拉索有两处固定扣装置，先将塑料固定扣分离，再将车门内侧锁止拉索与门把手分总成分离。

9）选择同规格的新前车门内护板，准备安装，如图8-25所示。

10）以相反的顺序安装前车门内护板。

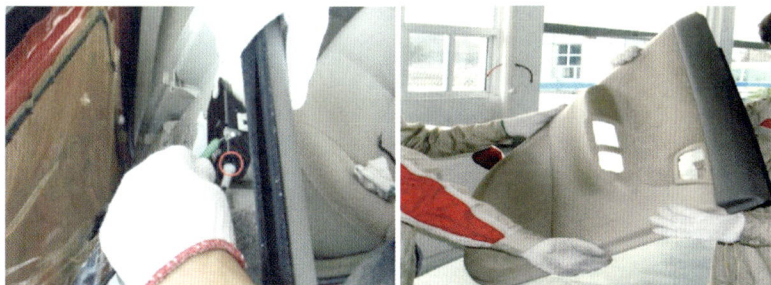

图 8-24　分离拉锁、取下车门内护板

3. 后车门内护板装饰（更换）

1）用小号一字螺丝刀拆卸后车门内拉手饰盖，如图 8-26 所示。

2）用十字螺丝刀拆卸后车门玻璃升降器螺钉，拆卸后车门玻璃升降器面板，如图 8-27 所示。

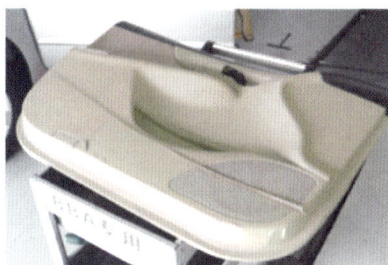

图 8-25　新前车门内护板

图 8-26　拆卸后车门内拉手饰盖

图 8-27　拆卸后车门玻璃升降器面板

3）用十字螺丝刀拆卸后车门内拉手螺钉，如图 8-28 所示。

4）用小号一字螺丝刀撬开后车门内饰板卡扣，使车门内护板与车门分离，如图 8-29 所示。

5）拆下后车门内拉手拉线和后车门锁拉线，取下后车门内护板，如图 8-30 所示。

6）选择同规格的新后车门内护板，准备安装，如图 8-31 所示。

图 8-28　拆卸后车门内拉手螺钉

图 8-29　撬开后车门内饰板卡扣

图 8-30　取下后车门内护板

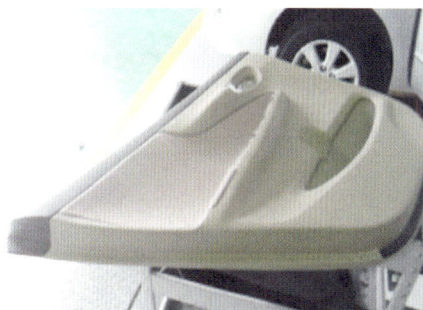

图 8-31　新后车门内护板

7）以相反的顺序安装后车门内护板。

4. 完工检查

1）检查前、后车门内护板装饰（更换）情况。

2）整理、清洁所有使用到的工具、用品和设备。按照 5S 要求，清洁使用过的工具、用品和设备并按规定摆放。

3）处理废弃物。

考核评价

前、后车门内护板更换考核标准

考核时间：90min　考核总分：100 分

考 核 项 目	评 分 标 准	得　　分
一、工作准备（10 分）		
1. 穿着工作服、安全鞋	未穿着工作服扣 2 分，未穿着安全鞋扣 2 分	
2. 准备并清点实训用品及工具	工具准备不正确，每项扣 2 分；未做，扣 2 分	
3. 场地及教具准备	场地及教具准备不正确，每项扣 2 分	
二、前车门内护板装饰（更换）（50 分）		
1. 拆除蓄电池负极电缆	未做或者拆除方法不正确扣 3 分	
2. 撬开内拉手装饰扣	未撬开内拉手装饰扣或者拆卸不正确扣 3 分	
3. 拆卸内拉手装饰扣螺钉	未拆卸内拉手装饰扣螺钉或者拆卸不正确扣 4 分	
4. 拆卸车门扶手螺钉	未拆卸车门扶手螺钉或者拆卸不正确扣 3 分	
5. 取下车门扶手座	未规范操作扣 3 分	
6. 断开线束插接器	未断开线束插接器或者拆卸不正确扣 3 分	
7. 分离车门装饰板总成与车门	未将车门装饰板总成与车门分离或者拆卸不正确扣 4 分	
8. 分离拉锁、取下车门内护板	未分离拉锁、取下车门内护板或者操作不正确扣 4 分	
9. 准备好前车门内护板	未准备好前车门内护板扣 3 分	
10. 安装前车门内护板	未按要求安装前车门内护板扣 20 分	
三、后车门内护板装饰（更换）（30 分）		
1. 拆卸后车门内拉手饰盖	未拆卸后车门内拉手饰盖或者拆卸不正确扣 3 分	
2. 拆卸后车门玻璃升降器面板	未拆卸后车门玻璃升降器面板或者拆卸不正确扣 3 分	
3. 拆卸后车门内拉手螺钉	未拆卸后车门内拉手螺钉或者拆卸不正确扣 3 分	
4. 撬开后车门内饰板卡扣	未撬开后车门内饰板卡扣或者拆卸不正确扣 2 分	
5. 取下后车门内护板	未取下后车门内护板扣 2 分	
6. 准备好后车门内护板	未准备好后车门内护板扣 2 分	
7. 安装后车门内护板	未按要求安装后车门内护板扣 15 分	
四、完工检查（10 分）		
1. 前、后车门内护板装饰（更换）情况	未检查前、后车门内护板装饰（更换）情况扣 5 分	
2. 整理、清洁所有护理用品、工具和设备	未做扣 5 分	
合计		

任务三　座椅与地板的装饰

任务目标

1. 了解座套和坐垫的概念及选用方法。
2. 了解地板的功能与结构及地板材料的选用原则。
3. 掌握汽车座椅的拆卸和装饰方法。
4. 掌握地毯的制作和铺设方法。
5. 能够在教师的指导下，根据操作规范完成座椅与地板的装饰。

任务描述

座椅和地板装饰是汽车内部装饰最重要的部分。座椅是最重要的舒适性装置，其类型多样，应根据具体需要来进行选择。

要完成座椅和地板的装饰，首先应该了解座椅的结构与类型，了解地板的功能与结构及地板材料的选用原则，掌握座椅装饰的工作流程、地毯的制作和铺设方法等。

知识储备

一、汽车座椅的装饰

1. 座套和坐垫

（1）座套的概念和类型　汽车座套，顾名思义是指汽车座椅的套子，汽车座套可保持原车座椅干燥干净，防止皮革老化。汽车座套是汽车用品，一般分为通用座套和专车专用座套，通用座套的材质采用高弹性布料，有很大的收缩和扩张空间。汽车座套如图 8-32 所示。

（2）汽车座套选购方法

1）颜色。座套颜色应与汽车主色调搭配。例如车内饰颜色是米色，则最好选择灰色或者米色等颜色，这样才能更好地彰显出汽车的高贵与美观，也充分展示了车主的个人品位。

2）品牌。座套与汽车座椅相吻合，目前汽车座套生产厂家根据车型与座椅结构进行座套打模和制造，专车专用，这样汽车座套才会舒适，不会过松或过紧。

3）面料。目前座套的面料主要有麂皮绒、纯棉、鹿皮绒、冰丝、三明治、纱丁网等，可根据自己喜好选择适合汽车的座套面料。

4）价位。不论座套布料是高端还是中低端，首先要考虑的都是车主是否喜欢，应根据实际情况选择不同价位的布料。

（3）坐垫概念　汽车坐垫分为三件套、五件套、八件套、九件套四种。三件套指的是两个前排座椅的坐垫加上后面长排座椅的坐垫。五件套在三件套的基础上加上两个前排座椅的靠背。八件套在五件套的基础上加上后排座椅的靠背。九件套是指前排两件、后排靠背两件、长坐垫一件、两个头枕和两个腰枕。当然，件数越多，价格越高。汽车坐垫如图 8-33 所示。

（4）坐垫分类

1）按工艺可分为手编汽车坐垫（图8-34）、布艺汽车坐垫以及机编汽车坐垫。

2）按材料可分为真皮/毛、超纤皮、人造革、化纤坐垫。

3）按季节分，冬季可用羊毛垫（图8-35）、裘皮垫、羽绒垫、羽绒棉垫、仿毛垫；夏季可用冰丝（化纤）垫、亚蚕丝垫、雪蚕丝垫等手编坐垫和皮革汽车坐垫。四季均可用的有按摩垫、养生垫、布艺坐垫和皮革坐垫。

图 8-32　汽车座套

图 8-33　汽车坐垫

图 8-34　手编汽车坐垫

图 8-35　羊毛汽车坐垫

（5）坐垫功用

1）提供舒适乘坐感。有经验的驾驶人都知道，正确的坐姿和良好的坐感是安全行车的重要前提，也是缓解驾驶疲劳的有效手段。安装一套适宜的座套或铺设坐垫，对于提升坐感、增加舒适性都有明显的作用。

2）保护座椅。绝大多数车型的座椅面料都是缝制的，无法拆洗。座椅一旦污损，就很难彻底清洗干净。因此，安装座套或铺设坐垫就成了保护座椅最为便捷的方式。

2. 真皮座椅

真皮座椅的表皮材料主要是棉纺织物、化纤及混纺等纺织物和皮革等。目前，座椅材料以化纤混纺织物和皮革最为广泛，以真皮装饰最为豪华。

（1）真皮座椅的保养　真皮座椅的保养目的是去除污垢，防止褪色、变硬、变脏或龟裂，可恢复光泽并兼有防水、防尘保护的作用。因此，应坚持定期对真皮座椅进行清洁保养，使它们不因干燥老化而裂开损坏。

真皮座椅的保养方法有两种：一是新车刚买来时，先给新车的真皮座椅涂层上光剂，增加一层保护层；二是定期保养，使用专业皮革柔软清洗剂进行保养和去污。

（2）真皮座椅的选用

1）按商家选择。一般有实力的商家，裁缝、缝制和安装都是流水作业，缝制安装时间短、速度快、质量好，具有规模的商家还可提供上门服务。

2）按产地选择。真皮座椅由于产地不同，皮质市场不一样，因此质量和价格也相差甚远。真皮中最高档次的是意大利黄牛皮，其质地厚实，柔软光滑，有弹性；其次是泰国水牛皮，它水分充足，质地柔软，价格也低一档次；国产牛皮一般质地较硬，色泽均匀度欠佳，但价格比较低。

3）按颜色选择。汽车专用的牛皮颜色不多，主要有红、黄、黑、浅灰等，应根据轿车的颜色和车内的环境协调搭配。

二、汽车地板的装饰

1. 汽车地板的功能

汽车地板在底盘的上部，是车厢的基础部分，承载着车内的各类设施和乘员。地板与侧围、前围、后围和顶篷共同构成了汽车的内室。一般来说，客车对地板功能的要求比货车高，而轿车对地板的要求比客车高，轿车地板的性能最好，结构最复杂。

对地板的具体要求如下：

1）安全性高，能稳固地起到支撑作用。

2）地板是车厢与地面之间的隔离层，要求它能起到保温、隔热、防湿、防潮、防尘和防止外部噪声进入车内的作用。

2. 汽车地板的结构

（1）客车地板的结构　一般客车的地板结构是用花纹钢板焊接到车架上的，用密封胶对周边进行密封；也有用薄钢板冲压成形的地板铺覆在车架上进行焊装的，然后用密封胶对周围进行密封，再在这层薄钢板上黏结一层地板革，周围用铝制的地板压条进行装饰并压紧固定。客车地板如图 8-36 所示。

（2）轿车地板的结构　一般轿车的地板都是复合型的，由基层、中间层和表层构成。轿车地板如图 8-37 所示。

图 8-36　客车地板

图 8-37　轿车地板

1）基层。基层是用薄钢板压制，经焊装而成的。有的轿车底盘有骨架，压制的薄钢板就焊装在底盘的骨架上；有的轿车底盘无骨架，直接用薄钢板冲压焊装成轿车的底盘，成为地板的基层，也称为底层。

2）中间层。中间层主要由加强隔热胶板、胶合板或纤维板等构成，主要起密封、隔热、保温和提高地板刚度的作用。

3）表层。地板的表层主要选用优质的人造革，通过黏结剂和螺钉等固定在地板上。

（3）货车地板的结构　货车地板分为驾驶室地板和货厢地板两部分。货厢地板最常见的是用薄钢板压成的，焊装在货厢的骨架上，结构简单，供装货用。驾驶室地板的基层也是用薄钢板压成的，焊装在驾驶室的骨架上。货车货厢地板如图 8-38 所示。

3. 汽车地板装饰材料的选用原则

1）补修地板原则。根据原地板的材料、色泽和地板构造进行装饰。

2）提高原车地板档次。综合考虑整车内饰，保证汽车地板与内饰和谐，若选用汽车地毯，则直接放置地板即可。

3）地板装饰的颜色，最常用的是深灰色和红色。在选择装饰材料的颜色时，还应考虑侧围、顶盖和座椅的颜色，使整个内饰的色泽达到统一、和谐，给人以明亮、舒适的感受。

图 8-38　货车货厢地板

三、汽车地胶

1. 汽车地胶的作用

地胶是在座椅下铺设的一层防水且易擦洗的保护物，一般是橡胶制品。汽车铺地胶的主要原因是便于清洗。特别是雨雪天气，很容易弄脏原车的地毯，而且很难清理，如果铺上了地胶，用抹布就可以很轻松地打扫干净。

2. 汽车地胶的类型

1）按照使用的材料不同可以分为塑胶地胶和纯毛地胶。

2）按照成形方式不同可以分为成形无接缝地胶和手工缝制地胶。成形无接缝地胶是一次性压制而成的，带有汽车生产厂商的商标。手工缝制地胶平整度好，可挑选的颜色较多，同样能有效地防止灰尘等杂物进入地毯，但防水能力稍差一些。

3. 汽车地胶的常用材料及特性

汽车地胶常用的材料有塑胶和纯毛。塑胶地胶的优点是便于清理，耐磨性及隔声效果好。用纯羊毛制作的地胶可以提高汽车内部的装饰档次，显得比较温馨，缺点是耐磨性及隔声效果稍差。

任务实施

1. 工作准备

准备好轿车1辆、拆装工具1套、棘轮扳手、接杆、套筒、卡扣专用拆卸工具、梅花套筒扳手、一字螺丝刀、十字螺丝刀、两用扳手/各种材质坐垫、地毯、棉线手套、劳保鞋等。

2. 对座椅进行坐垫装饰

（1）根据材质选购坐垫　根据材质的不同，坐垫可分为亚麻坐垫（图 8-39）、冰丝坐垫（图 8-40）、巴厘丝坐垫（图 8-41）、大豆纤维坐垫、桑蚕丝坐垫（图 8-42）和丽赛尔坐垫。每种坐垫都有不同的作用，可以根据需要进行选择。

（2）根据季节选择坐垫　夏季挑选汽车坐垫，最重要的是对凉爽性和舒适度的把握。亚麻坐垫和冰丝坐垫的通风透气性比较好，也可以选择四季通用坐垫。

（3）安装坐垫　根据情况选择好坐垫后，直接安装即可。

3. 地毯的制作与铺设

（1）拆除旧地毯　大多数汽车的地毯很好拆除，从车门框上拆下防磨板，拉出地毯就可以了。但也有的车辆需拆下座椅、安全带和松开脚踏板后才能拆下，如图 8-43 所示。

拆除时应当注意，不管地毯与何处相连都不能硬拽，应先拆下连接件，然后想办法拆下旧地

图 8-39　亚麻坐垫

毯，操作流程视具体情况而定。

图 8-40　冰丝坐垫　　　　图 8-41　巴厘丝坐垫　　　　图 8-42　桑蚕丝坐垫

（2）加衬垫　一般车用地毯下面都有衬垫。对于不带衬垫的地毯必须另行制作衬垫，然后把它粘到地板上。地板的衬垫主要有黄麻纤维毡、泡沫和再生材料产品 3 种。

汽车地板加泡沫衬垫步骤如下：

1）测量地板横向和纵向的尺寸。

2）在每个方向上增加 20% 的裕量，按此结果进行剪裁。

3）剪裁完毕后，把泡沫铺好，剪去多余的

图 8-43　拆除旧地毯

材料。

4）粘贴时，在泡沫的背面和地板上喷上胶，然后按下并粘贴，另一侧用同样的方法进行处理。

（3）调整和安装

1）剪裁、调整和安装地毯的工作通常从变速器的隆起部分开始，然后分别向驾驶人一侧和前排乘员一侧进行。

2）当测量驾驶人和前排乘员侧的地板面积时，前后距离是前到隔板、后到座椅底部。

3）测量变速器隆起处的面积。纵向尺寸是从驾驶室前隔板量到后边座椅的底部，横向尺寸是从一侧量到另一侧，测量结果再加 152mm。

4）大多数汽车的座椅不能完全遮住座椅到车门之间的地板，所以此处地毯要一直铺到座椅的后面，也可以另用一小块地毯铺盖此处。

5）把地毯套过变速杆后，在原来开口的基础上切出放射型切口，使其能套过变速杆的护套。最后，剪掉多余的地毯，并把毛边压到护套的下方。

6）铺设经过离合器外壳凸起部分的地毯，一直延续到仪表板。

7）把整块地毯放在缝纫机上，在切口边缘缝制一条镶边，但前边的毛边不要缝制。

8）把地毯取出，沿画出的线修剪地毯的边缘并进行缝合；然后，粘贴地毯。

9）铺设驾驶人侧的地毯。

4. 完工检查

1）检查坐垫安装情况。

2）检查地毯的制作和铺设情况。

3）整理、清洁所有使用到的工具、用品和设备。按照 5S 要求，清洁使用过的工具、用品和设备并按规定摆放。

4）处理废弃物。

考核评价

坐垫装饰、地毯的制作与铺设考核标准

考核时间：90min 考核总分：100 分

考 核 项 目	评 分 标 准	得　分
一、工作准备（10 分）		
1. 穿着工作服、安全鞋	未穿着工作服扣 2 分，未穿着安全鞋扣 2 分	
2. 准备并清点实训用品及工具	工具准备不正确，每项扣 2 分；未做，扣 2 分	
3. 场地及教具准备	场地及教具准备不正确，每项扣 2 分	
二、对座椅进行坐垫装饰（30 分）		
1. 根据材质选购坐垫	未做或者选购方法不正确扣 5 分	
2. 根据季节选择坐垫	未做或者选购方法不正确扣 5 分	
3. 安装坐垫	未正确安装坐垫扣 20 分	
三、地毯的制作与铺设（50 分）		
1. 拆除旧地毯	未拆卸旧地毯或者拆卸方法不正确扣 5 分	
2. 加衬垫	未加衬垫或者加衬垫不正确扣 5 分	
3. 测量地板横、纵向尺寸	未测量地板横、纵向尺寸或者测量不正确扣 5 分	
4. 裁剪衬垫	未裁剪衬垫扣 5 分	
5. 铺设衬垫	未铺设衬垫扣 5 分	
6. 调整和铺设地毯	未调整和未铺设地毯扣 5 分	
7. 测量驾驶人和前排乘员侧的地板面积	未测量驾驶人和前排乘员侧的地板面积扣 5 分	
8. 测量变速器隆起处的面积	未测量变速器隆起处的面积扣 5 分	
9. 铺设经过离合器外壳凸起部分的地毯	未将地毯铺到位置扣 5 分	
10. 缝合、粘贴地毯	未缝合、未粘贴地毯扣 5 分	
四、完工检查（10 分）		
1. 坐垫安装、地毯制作和铺设情况	未检查坐垫安装、地毯制作和铺设情况扣 5 分	
2. 整理、清洁所有护理用品、工具和设备	未做扣 5 分	
合计		

课 后 测 评

一、填空题

1. 汽车顶篷内衬基本可分为＿＿＿＿、＿＿＿＿和＿＿＿＿3 种。

2. 汽车坐垫按工艺可分为_____、_____和_____3 种。

3. 一般轿车的地板都是复合型的，由_____、_____和_____构成。

二、判断题

1. 汽车顶篷内衬的主要作用是提高车内的装饰性，同时还可以提高与车外的隔热、绝热效果等。（　　）

2. 汽车地板在底盘的上部，是车厢的基础部分，承载着车内的各类设施和乘员。（　　）

三、简答题

1. 汽车顶篷内衬的装饰注意事项有哪些?

2. 汽车地板材料的选用原则有哪些?

项目九 汽车精品的选装

任务一 汽车音响和通信设备的选装

任务目标

1. 了解汽车音响的特点和组成。
2. 掌握汽车音响系统的配置和选配原则。
3. 了解汽车通信设备的特点。
4. 能够在教师的指导下，根据操作规范完成汽车音响和通信设备的选装。

任务描述

汽车音响和通信设备属于汽车电子精品，汽车音响是为减轻驾驶人和乘员在旅行中的枯燥感而设置的收放音装置。

如果要对汽车音响和通信设备进行选装，应该掌握汽车音响的结构、特点和选配原则等。

知识储备

一、汽车音响的组成

汽车音响的组成和家用音响是差不多的，家用音响插上电源就能工作，而汽车音响只是配件，需要安装后才能使用。

汽车音响从广义上来讲，主要分为以下 7 个部分：

1. 主机（音源部分）

主机是汽车音响中最重要的组成部分，其主要特点有外形体积小，采用 12V 直流供电，抗干扰能力强，能抗高温、严寒、废气、灰尘和潮湿等。主机如图 9-1 所示。

2. 效果处理部分

效果处理部分主要包括均衡器、效果器和分音器等。效果器如图 9-2 所示。

图 9-1　主机

图 9-2　效果器

3. 音响功率放大器

功放部分是将音频信号进行功率放大（电流放大），用来驱动扬声器播放声音的部件，分为单声道、双声道、四声道、五声道和六声道等多种，功率一般在 50W 以上。汽车音响功放部分如图 9-3 所示。

图 9-3　汽车音响功放部分

4. 扬声器

扬声器分为分离式、同轴式、全音域以及超低单元等形式。扬声器如图 9-4 所示。

5. 低音炮

低音炮分为密封式、平面式、嵌入式、旋转式、带通式、倒相孔式和反相式等。低音炮如图 9-5 所示。

图 9-4　扬声器

图 9-5　低音炮

6. 碟盒

碟盒有 6 碟、8 碟、10 碟和 12 碟等形式。

7. 其他配件

其他配件主要有遥控器、数字电视盒、胎压监测器和轨迹倒车系统等。

汽车音响从狭义上来讲，主要由主机（音源）、功率放大器和扬声器组成。

二、汽车音响的分类

汽车音响按档次高低不同，可分为普通、中级、高级和超高级 4 种类型。

1）普通汽车音响。用于普通型车辆，原车安装和市场零售较多，其机体重量较轻，机内电路布局比较单一。

2）中级汽车音响。多数是原车安装，少量是市场零售，其机体较重，机内电路布局相对合理。

3）高级汽车音响。原车安装，一般机体较重，机内电路及放音机械整体结构复杂。

4）超高级汽车音响。CD 激光唱机与收放机共用功放电路，包括单碟式、6 碟式和 10 碟式等。

三、汽车音响的特点

1）汽车音响外形、体积受到车内空间限制，除特殊车型外，一般都比较统一。

2）汽车音响的电源都是用低电压蓄电池供电的，除部分大型客车和大型载货汽车外（使用 24V 电源），一般都使用 12V 的直流电源。

3）使用环境差，抗干扰性能强。

4）使用低阻抗的扬声器。由于汽车音响使用的电源电压比较低，因此要得到大的功率，除了采用 BTL 电路外，一般都会用 1~4Ω 的低阻抗扬声器提高输出功率。

四、汽车通信设备

汽车通信设备主要包括车载蓝牙、车载 Wi-Fi、车载导航系统和车载通信模块等。现在汽车厂商在很多车型上都安装了汽车通信设备。

1. 车载蓝牙

作用：可以将手机与汽车音响系统连接，实现免提通话和播放手机中的音乐。通过蓝牙连接，车主可以在驾驶过程中无须手持手机就能接听电话，提高驾驶安全性。同时，还可以播放手机中的音乐、有声读物等音频内容，丰富驾驶体验。

使用方法：通常在汽车的多媒体系统中打开蓝牙功能，然后在手机上搜索并连接汽车的蓝牙设备。连接成功后，即可进行相应的操作。车载蓝牙界面如图 9-6 所示。

2. 车载 Wi-Fi

作用：提供无线网络功能，方便车内乘客使用手机、平板电脑等设备上网，可以让乘客在旅途中随时上网查询信息、观看视频、玩游戏等。

使用方法：一般需要购买车载 Wi-Fi 设备，并插入 SIM 卡或连接手机热点，然后在车内的设备上搜索并连接该 Wi-Fi 网络即可。车载 Wi-Fi 界面如图 9-7 所示。

图 9-6　车载蓝牙界面　　　　　　图 9-7　车载 Wi-Fi 界面

3. 车载导航系统

作用：提供路线规划、实时交通信息和地图导航等功能。帮助驾驶人避开拥堵路段，找到最佳的行驶路线，节省时间和燃料。同时，还可以提供周边设施的信息，如加油站、餐厅和酒店等。

使用方法：在汽车导航系统中输入目的地，系统会自动规划路线。在行驶过程中，系统会根据实时交通情况进行调整，并提供语音导航提示。

任务实施

1. 工作准备

准备好汽车音响、螺丝刀、塑料工具、钳子、手套、抹布、电工胶布等。

2. 车辆检查

1）车身及内、外饰检查。检查车身是否有刮痕，车内饰有没有缺件或损坏，配件是否完整等，如图9-8所示。

2）检查汽车电路，特别是和施工相关的电器部分（如电动窗、中控锁、防盗器以及汽车灯光系统等）的电路，如图9-9所示。

3. 车辆保护

1）车内保护。先用透明地胶或脚垫纸垫在地毯上做好地毯保护，然后用准备好的座椅套把座椅套好，最后保护好中央扶手箱，以免刮花变速杆和中央盒，如图9-10所示。

图9-8　车身及内、外饰检查　　　图9-9　检查汽车电路　　　图9-10　车内保护

2）前、后包围的保护。用专用的前、后包围保护胶围住前、后包围，要注意固定扎带或固定磁铁的牢固程度，如图9-11所示。

3）施工部件的保护。所有从车上拆下来的部件要存放在专门的拆件摆放区域，要尽量避免拆件放在地面被刮花，拆件表面应加以保护，如图9-12所示。

4. 车辆零部件的拆卸

1）拆卸主机时，应尽量用塑料工具拆装饰板，如图9-13所示。如果因塑料工具的强度不够而使用钢制工具时，应该用黑胶布包裹住钢制工具的尖头，避免拆件时在装饰板上留下痕迹。

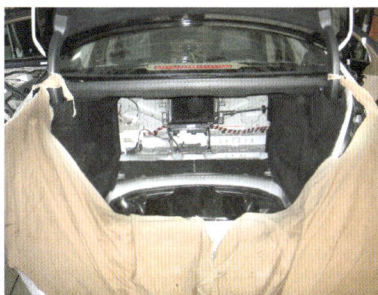

图9-11　前、后包围的保护　　　图9-12　施工部件的保护　　　图9-13　拆卸主机

2）在拆卸门板时，应先观察门板的结构和卡扣所在的位置，用合适的工具拆下螺钉，再用塑料工具撬开门板的卡扣，如图9-14所示。

5. 音响安装

在安装中低音单元时，尽量不要将扬声器直接安装在门板及车体上，应将有足够硬度的垫圈固定在车体上后再安装扬声器，如图9-15所示。

一定要做好扬声器的防水、扬声器垫圈的防潮工作，保证扬声器的正常使用寿命，避免出现故障，如图9-16所示。

6. 布线与插头保护

1）选用和功放及扬声器型号匹配正确的线材，包括电源线、音频线和扬声器线；电源线和音频线需要分开布线，因为有电流经过时电源线会形成电磁波，若音频线离得太近就很容易受到干扰。图 9-17 所示为扬声器线的安装。

图 9-14 拆卸门板　　　　　图 9-15 安装扬声器　　　　　图 9-16 扬声器的防水

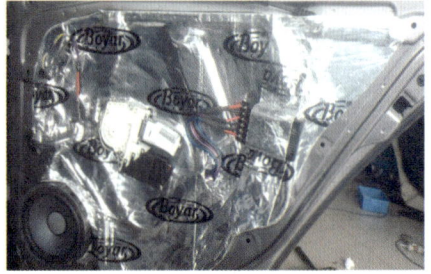

2）所有的线材要与原车线路分开，由于音响线材相对于原车线路来说都是大电流电缆，因此分开布线可以避免原车线路受到干扰。所有的线材及分音器要远离汽车的行车计算机。严禁将线材通过粗糙的、未加保护的孔洞，应在孔洞处加以保护而不能只用蛇皮管套住线材，如图 9-18 所示。

3）任何接线处都应该用焊锡处理，再用热缩管套住。这样可以防止在车体受到振动时接头松动。图 9-19 所示为接头保护。

4）功放和其他部件不要直接安装在车体等金属板上，因为车体是音响系统的负极，功放外壳是金属表面，会相互干扰而出现噪声，如图 9-20 所示。

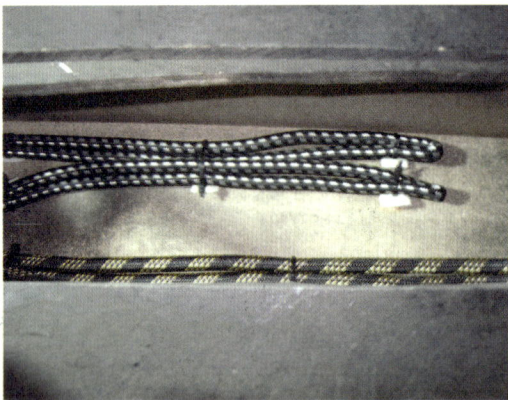

图 9-17 扬声器线的安装　　　　　图 9-18 线材保护

图 9-19 接头保护　　　　　图 9-20 功放的安装

7. 完工检查

1）施工完成后，由负责技师对施工部件进行检查，查看是否还原（或损坏）等。

2）整理、清洁所有使用到的工具、用品和设备。按照 5S 要求，清洁使用过的工具、用品和设备并按规定摆放。

3）处理废弃物。

考核评价

汽车音响拆装考核标准

考核时间：90min　考核总分：100 分

考 核 项 目	评 分 标 准	得　　　分
一、工作准备（10分）		
1. 穿着工作服、安全鞋	未穿着工作服扣 2 分，未穿着安全鞋扣 2 分	
2. 准备并清点实训用品及工具	工具准备不正确，每项扣 2 分；未做，扣 2 分	
3. 场地及教具准备	场地及教具准备不正确，每项扣 2 分	
二、车辆检查（10分）		
1. 车身及内、外饰检查	未按要求检查或者检查不全面扣 5 分	
2. 汽车电路检查	未按要求检查或者检查不全面扣 5 分	
三、车辆保护（15分）		
1. 车内保护	未按要求保护或者保护不全面扣 5 分	
2. 前、后包围的保护	未按要求保护或者保护不全面扣 5 分	
3. 施工部件的保护	未按要求保护或者保护不全面扣 5 分	
四、车辆零部件拆卸（15分）		
1. 拆卸主机	未正确拆卸或者拆卸不全面扣 7 分	
2. 拆卸门板	未正确拆卸或者拆卸不全面扣 8 分	
五、音响安装（20分）		
1. 扬声器安装	未按要求安装扬声器扣 10 分	
2. 扬声器防水	未按要求进行扬声器防水扣 10 分	
六、布线与接头保护（20分）		
1. 选用线材	未按要求选用线材扣 5 分	
2. 线材保护	未按要求进行线材保护扣 5 分	
3. 接头保护	未按要求进行接头保护扣 5 分	
4. 功放的安装	未按要求安装功放扣 5 分	
七、完工检查（10分）		
1. 检查音响安装情况	未做扣 5 分	
2. 整理、清洁所有护理用品、工具和设备	未做扣 5 分	
合计		

任务二　汽车倒车雷达和防盗设备的选装

任务目标

1. 了解汽车倒车雷达的发展。
2. 掌握汽车倒车雷达的基本组成和工作原理。
3. 掌握汽车防盗设备的功用和类型。
4. 掌握汽车倒车雷达、防盗设备的使用和安装注意事项。
5. 能够在教师的指导下，根据操作规范完成汽车倒车雷达和防盗设备的选装。

任务描述

　　汽车倒车雷达和防盗设备都属于汽车安全防护装置。在汽车发展早期，汽车安全防护装置的选装率较低，如今，倒车雷达和防盗设备的选装率较高，大大提高了汽车的安全性能。

　　如果要对倒车雷达和防盗设备进行选装，应该掌握汽车倒车雷达和防盗设备的结构、特点和工作原理等。

知识储备

一、汽车倒车雷达的概述

1. 汽车倒车雷达的概念

　　倒车雷达全称为倒车防撞雷达，也称为泊车辅助装置。倒车雷达采用超声波技术检测车后是否有不明障碍物及与其之间的距离并及时提醒驾驶人，辅助驾驶人安全、轻松地倒车，避免碰撞，从而提高驾驶的安全性。汽车倒车雷达如图9-21所示。

2. 汽车倒车雷达的发展

　　（1）第一代——倒车喇叭提醒　　"倒车请注意"，现在只有小部分商用车还在使用。只要驾驶人挂上倒档，它就会响起，提醒周围的人注意。从某种意义上说，它对驾驶人并没有直接的帮助，不是真正的倒车雷达。

　　（2）第二代——蜂鸣器提示　　倒车时，如果车后1.5~1.8m处有障碍物，蜂鸣器就会开始工作。蜂鸣声越急，表示车辆离障碍物越近。这一代倒车雷达没有语音提示，也没有距离显示，只能提醒驾驶人有障碍物，但不能确定障碍物离车体有多远，对驾驶人帮助不大。

　　（3）第三代——数码波段提示　　数码波段提示可以显示车后障碍物离车体的距离，把数码和波段组合在一起，比较实用，但安装在车内不太美观。数码波段提示倒车雷达如图9-22所示。

　　（4）第四代——液晶屏显示　　这一代产品有了质的飞跃，可以进行动态显示，色彩清晰漂亮，外表美观，可以直接粘贴在仪表盘上，安装很方便，液晶显示器外观精巧、灵敏度较高，但抗干扰能力不强，所以误报也较多。液晶屏显示倒车雷达如图9-23所示。

　　（5）第五代——魔幻镜倒车雷达　　魔幻镜倒车雷达把后视镜、倒车雷达、免提电话、温度显示和车内空气污染显示等多项功能整合在一起，并设计了语音功能。魔幻镜倒车雷达如图9-24所示。

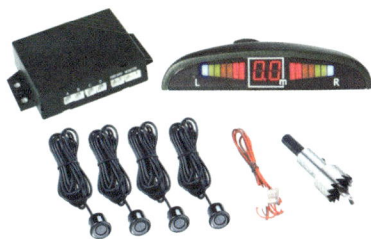
图 9-21 汽车倒车雷达

图 9-22 数码波段提示倒车雷达

图 9-23 液晶屏显示倒车雷达

（6）第六代——无线倒车雷达 全新无线液晶倒车雷达集无线连接、倒车雷达、彩色液晶显示和 BP 警示音于一体。无线倒车雷达有雷达测距、数码显示、无线连接和彩屏显示等特点。无线倒车雷达如图9-25所示。如今，倒车雷达技术仍在不断发展，与倒车影像、360° 全景摄像等技术相结合，为驾驶员提供更全面、更准确的倒车辅助信息。同时，随着自动驾驶技术的发展，倒车雷达也成为了自动泊车等功能的重要组成部分。

图 9-24 魔幻镜倒车雷达

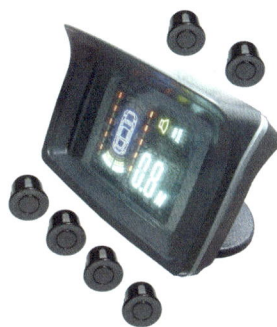
图 9-25 无线倒车雷达

二、汽车倒车雷达的结构和工作原理

1. 汽车倒车雷达的结构

汽车倒车雷达主要由超声波传感器（探头）、控制器（主机）和显示器或蜂鸣器等组成。

（1）超声波传感器 超声波传感器的主要功能是发出和接收超声波信号，然后将信号输入到控制器里面，通过显示设备显示出来。超声波传感器如图9-26所示。

（2）控制器 控制器对信号进行处理，计算出车体与障碍物之间的距离及方位。倒车雷达控制器如图9-27所示。

（3）显示器或蜂鸣器 当传感器探知汽车与障碍物之间的距离达到危险距离时，系统会通过显示器和蜂鸣器发出警告，提醒驾驶人。倒车雷达显示器如图9-28所示。

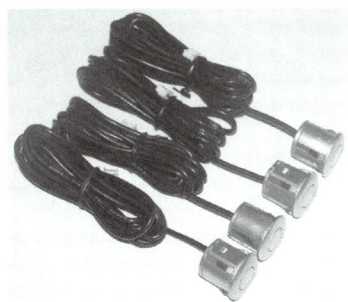
图 9-26 超声波传感器

图 9-27 倒车雷达控制器

图 9-28 倒车雷达显示器

2. 汽车倒车雷达的工作原理

现在的汽车倒车雷达都采用超声波测距，超声波是指超过人的听觉范围以上（20kHz以上）的声波，它具有频率较高、沿直线传播、方向性好、绕射小、穿透力强、传播速度慢（约340m/s）等特点。超声波遇到杂质或分界面时会产生反射波，利用这一特性可探深或测距，由此可制成测距系统。

传感器发出一束短促的超声波脉冲，当脉冲遇到障碍物时就会发生反射，传感器将会收到反射回波。超声波在常温下、空气中的传播速度是一定的（约为340m/s），接收器内CPU根据发射与接收波之间的时间间隔，计算出传感器与障碍物之间的距离。然后，经过计算处理，判断出反射回波是由哪一个传感器接收到的，并根据不同距离，发出缓急不同的警告。

三、汽车倒车雷达安装和使用注意事项

1. 汽车倒车雷达安装注意事项

1）倒车雷达的安装高度一般为离地面50~65cm。

2）倒车雷达前、后传感器不可随意对调，否则可能会引起常鸣问题。

3）注意传感器安装朝向，要按UP朝上的位置进行安装。

4）传感器不建议安装在金属板材上，因为金属板材振动时会引起传感器共振，产生误报。

2. 汽车倒车雷达使用注意事项

1）经常清洗传感器，防止积尘。

2）不要让坚硬的物体将传感器表面遮住，否则会产生误报或测距不准，如泥浆把传感器表面覆盖。

3）冬天应避免结冰。

四、汽车防盗设备的功用和类型

1. 汽车防盗设备的功用

汽车防盗设备就是一种安装在车上，用来增加盗车难度、延长盗车时间的装置。现在的汽车防盗设备还具有手机控制、短信定位、远程监听、远程报警和全语音提示操作等功能。无论在何时何地，只要通过电话就可对爱车进行监控，让它得到最佳的保护。

2. 汽车防盗设备的类型

汽车防盗设备按其结构可分为机械式、电子式、网络式和指纹识别式4类。

（1）机械式汽车防盗设备　机械式汽车防盗设备是采用金属材料制作的各种防盗锁具，包括转向柱锁、转向盘锁（图9-29）、变速杆锁（图9-30）、踏板锁（离合器踏板锁、制动踏板锁）、车轮锁和汽车防盗磁片等，通过这些防盗锁锁住汽车的操纵部件。该防盗设备简便易安装、价格便宜，缺点是不能报警。

（2）电子式汽车防盗设备　电子式汽车防盗设备也称为微机防盗装置，通过电子设备控制汽车的起动、点火等电路。该防盗装置安装隐蔽，功能齐全，可无线遥控，操作简便，是中、高档轿车上广泛使用的防盗装置。电子式汽车防盗设备如图9-31所示。

（3）网络式汽车防盗设备　网络式汽车防盗是比较流行而且比较先进实用的一种防盗方式。该类防盗系统最大的优点是改变了传统防盗装置单一的技防功能，增加了人防功能，而且这种防盗系统还具有阻断油、电路熄火停车等防盗又防劫的功能。

（4）指纹识别式汽车防盗设备　汽车指纹识别防盗系统是目前国际上最流行，也是防盗效果最好的防盗系统。它利用人体指纹的生物特征的唯一性，通过指纹识别控制汽车的电路、油路和起动机等，从而达到防盗的目的。

图 9-29　转向盘锁　　　　图 9-30　变速杆锁　　　　图 9-31　电子式汽车防盗设备

五、汽车防盗设备安装注意事项

1. 不要安装发动机断电回路继电器

高、中档轿车的转向盘都带助力系统控制起动线，虽然可以起到防盗抢作用，但存在一定的安全隐患。控制起动线，只能起到防盗作用，而不能实现防抢功能，只需把 KEY ON 线接到 ON 或 ACC 线上即可破解。

2. 不要测量原车黄色线

不要测量原车黄色线。测量原车黄色线可能会使安全气囊系统出现故障。

3. 防盗器的中控锁配线与原车中控锁配线应合理连接

防盗器的中控锁配线与原车中控锁配线应合理连接，这是安装防盗器较困难的一步。首先需要了解防盗器中控锁配线的基本原理。

任务实施

1. 工作准备

准备好手电钻、专用开孔器、倒车雷达 1 套、电工用钳 1 套、钢直尺、通用工具 1 套、水性记号笔、棉线手套、劳保鞋等。

2. 汽车倒车雷达的选购

在选择汽车倒车雷达时，首先考虑其传感器的数量，按车型和驾驶技术确定倒车雷达传感器数量。传感器的多少直接影响探测的精准度。一般倒车雷达安装 2~8 个传感器。其次，考虑倒车雷达的检测性能。

3. 汽车倒车雷达传感器的安装

1）在车尾或保险杠上确定倒车雷达传感器安装孔的开孔位置，如图 9-32 所示。

2）倒车雷达传感器安装孔钻孔，如图 9-33 所示（注：钻孔时用力要适当，禁止野蛮操作，防止损坏保险杠）。

3）安装倒车雷达传感器，如图 9-34 所示（注：传感器方向以及角度必须安装正确）。

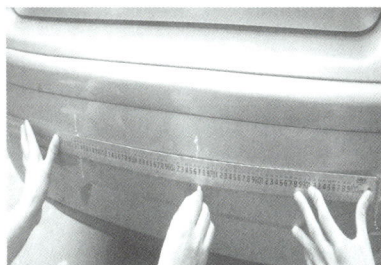

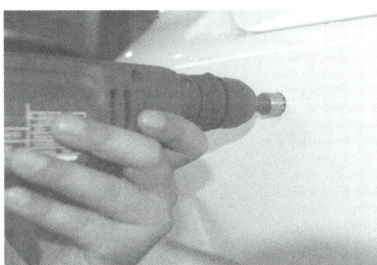

图 9-32　确定传感器安装孔的位置　　　图 9-33　传感器安装孔钻孔　　　图 9-34　安装传感器

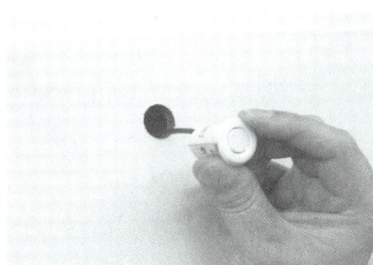

4. 汽车倒车雷达控制器的安装

1）连接倒车雷达控制器与倒车灯电路。使用万用表查找倒车灯线，如图9-35所示。

2）连接倒车雷达控制器与搭铁线，如图9-36所示。

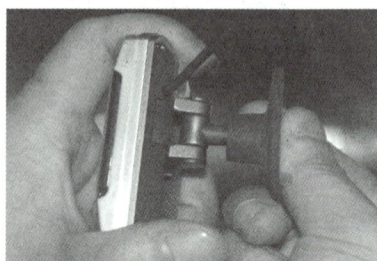

3）连接倒车雷达控制器与显示器电路，如图9-37所示。

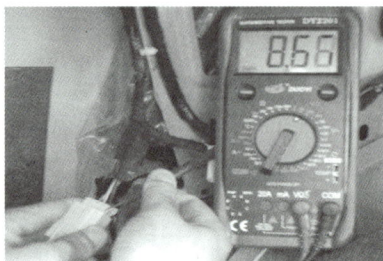

图9-35　使用万用表查找倒车灯线 　　图9-36　连接控制器与搭铁线 　　图9-37　连接控制器与显示器电路

4）连接倒车雷达控制器与各传感器电路，如图9-38所示。

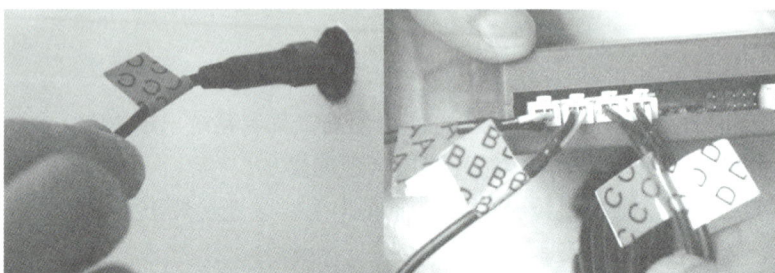

图9-38　连接控制器与传感器电路

5. 汽车倒车雷达显示器的安装

汽车倒车雷达显示器可安装于仪表台、前风窗玻璃或空调出风口处，如图9-39和图9-40所示。

6. 电子式汽车防盗设备的安装

1）安装防盗设备主机。主机安装于仪表台下方隐蔽处，如图9-41所示。

图9-39　显示器安装在仪表台 　　图9-40　显示器安装在风窗 　　图9-41　安装防盗设备主机
　　　　　　　　　　　　　　　　　　　　玻璃内侧

2）安装防盗设备振动传感器（图9-42）。

3）安装防盗设备LED警告灯（图9-43）。

4）安装防盗设备语音喇叭（图9-44）。

5）安装中控锁。

7. 完工检查

1）检查汽车倒车雷达的安装情况，对倒车雷达进行所有功能测试。

2）检查汽车防盗设备的安装情况。

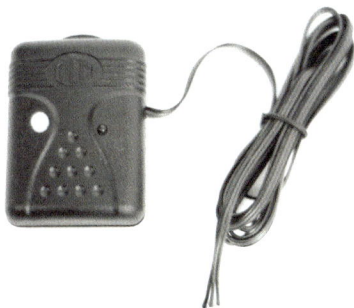
图 9-42　振动传感器

图 9-43　LED 警告灯

图 9-44　防盗设备语音喇叭

3）整理、清洁所有使用到的工具、用品和设备。按照 5S 要求，清洁使用过的工具、用品和设备并按规定摆放。

4）处理废弃物。

考核评价

汽车倒车雷达和防盗设备选装考核标准

考核时间：120min　考核总分：100 分

考核项目	评分标准	得　分
一、工作准备（10 分）		
1. 穿着工作服、安全鞋	未穿着工作服扣 2 分，未穿着安全鞋扣 2 分	
2. 准备并清点实训用品及工具	工具准备不正确，每项扣 2 分；未做，扣 2 分	
3. 场地及教具准备	场地及教具准备不正确，每项扣 2 分	
二、倒车雷达的选购（5 分）		
倒车雷达的选购	未按要求选择倒车雷达扣 5 分	
三、汽车倒车雷达传感器的安装（15 分）		
1. 确定传感器位置	未按要求确定传感器位置或者位置不正确扣 5 分	
2. 在保险杠上钻孔	未按要求钻孔或者钻孔不正确扣 5 分	
3. 安装传感器	未按要求安装传感器或者安装不正确扣 5 分	
四、汽车倒车雷达控制器的安装（20 分）		
1. 连接控制器与倒车灯电路	未按要求连接或者连接不正确扣 5 分	
2. 连接控制器与搭铁线	未按要求连接或者连接不正确扣 5 分	
3. 连接控制器与显示器	未按要求连接或者连接不正确扣 5 分	
4. 连接控制器与各传感器	未按要求连接或者连接不正确扣 5 分	
五、汽车倒车雷达显示器的安装（20 分）		
1. 显示器安装在仪表台	未按要求安装或者安装不正确扣 10 分	
2. 显示器安装在风窗玻璃内侧	未按要求安装或者安装不正确扣 10 分	
六、电子式汽车防盗设备的安装（20 分）		
1. 安装防盗设备主机	未按要求安装或者安装不正确扣 4 分	
2. 安装防盗设备振动传感器	未按要求安装或者安装不正确扣 4 分	
3. 安装防盗设备 LED 警告灯	未按要求安装或者安装不正确扣 4 分	
4. 安装防盗设备语音喇叭	未按要求安装或者安装不正确扣 4 分	
5. 安装中控锁	未按要求安装或者安装不正确扣 4 分	

（续）

考核项目	评分标准	得　分
七、完工检查（10 分）		
1. 检查汽车倒车雷达和防盗设备的安装情况	未检查汽车倒车雷达和防盗设备的安装情况扣 5 分	
2. 整理、清洁所有护理用品、工具和设备	未做扣 5 分	
合计		

任务三　汽车氙气灯和电子导航系统的选装

任务目标

1. 了解汽车氙气灯与电子导航系统的结构和类型。
2. 掌握汽车氙气灯的特点和工作原理。
3. 掌握汽车氙气灯的安装注意事项和测试方法。
4. 掌握汽车电子导航系统的功能和特点。
5. 能够在教师的指导下，根据操作规范完成汽车氙气灯和电子导航系统的选装。

任务描述

汽车氙气灯与电子导航系统均同样属于汽车电子精品。如果要对氙气灯与电子导航系统进行选装，应该掌握汽车氙气灯与电子导航系统的结构、类型和特点及工作原理等。

知识储备

一、汽车氙气灯的结构和类型

1. 汽车氙气灯的结构

汽车氙气灯是指内部充满包括氙气在内的稀有气体混合体，没有卤素灯所具有的灯丝的高压气体放电灯，简称为 HID 氙气灯，也可称为重金属灯。大多数氙气灯由灯头、电子镇流器和线组 3 部分构成。汽车氙气灯如图 9-45 所示。

（1）灯头　HID 氙气灯头是没有灯丝的，不存在钨丝烧断的问题。氙气灯头如图 9-46 所示。

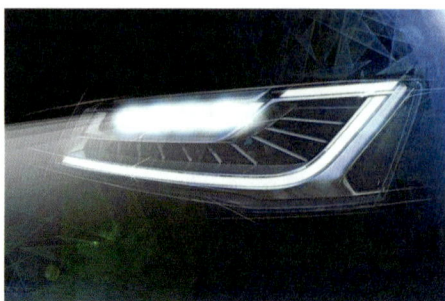

图 9-45　汽车氙气灯

图 9-46　氙气灯头

（2）**电子镇流器**　利用蓄电池 12V 的直流电压，经过一系列的转换、控制、保护、升压和变频等动作后，产生一个瞬间 23000V 的点火高压对灯头进行点火，点亮后再维持 35V 的交流电压。

（3）**线组**　线组一般采用阻燃材料制成，通过加大电源线的截面面积，提高了电流通过能力，保证了 HID 氙气灯的正常工作。

2. 汽车氙气灯的类型

氙气灯的型号按灯泡的型号分类，一般可分为 900 系列、H 系列和 D 系列 3 种。

900 系列的有 9004、9005、9006 和 9007。氙气灯 9004 如图 9-47 所示。

H 系列的有 H1、H3、H7、H8、H11 和 H4。氙气灯 H1 如图 9-48 所示。

D 系列的有 D1、D2 和 D4。这些型号和汽车的普通前照灯灯泡型号是相对应的。氙气灯 D 系列如图 9-49 所示。

图 9-47　氙气灯 9004　　　　图 9-48　氙气灯 H1　　　　图 9-49　氙气灯 D 系列

在汽车 HID 氙气灯中，应用较多的是 H1、H4、H7、9005、9006 和 9007 等型号。

二、汽车氙气灯的特点和工作原理

1. 汽车氙气灯的特点

（1）**亮度高**　氙气灯可以输出高达 3500lm 的光通量，而一般卤素灯泡最多只能产生 1000lm 的光通量；HID 氙气灯高出传统卤素灯两倍多的亮度效率，能大幅提高车前方的照明度，对于提升夜间及雾中驾驶视线清晰度有显著的功效。

（2）**使用寿命长**　由于 HID 氙气灯无灯丝，工作物质——金属卤化物是循环工作的，电极在工作过程中的氧化还原也是循环的，只要其中的氙气还没用完，它就可以一直正常发光，不易损坏，因此使用寿命长是其主要特点之一。

（3）**色温舒适度高**　温度越低，色温光色越偏红，反之则偏蓝，而在 5000K 左右的光色是最白且略微开始转蓝的色温，也最接近正午日光的颜色，人眼的接受度及舒适度最高。

（4）**省电节能**　HID 氙气灯所需功率较小，大大减轻了汽车蓄电池的负担，节能的优势非常突出。博世 HID 氙气灯如图 9-50 所示。

（5）**起动快**　HID 氙气灯的起动不到 0.001s，1s 内即可达到额定亮度的 85%，冷灯在 10~20s 建立稳定，热灯在几秒内建立稳定。

（6）**应急性**　由于氙气灯与卤素灯的发光原理不同，因此当蓄电池供电出现问题时，它会延长几秒才熄灭，可以让车主有一定的时间去处理紧急情况。

图 9-50　博世 HID 氙气灯

（7）**电压适应范围宽**　针对 12V 的汽车电源，灯的控制器电源电压适应范围为 9~16V；针对

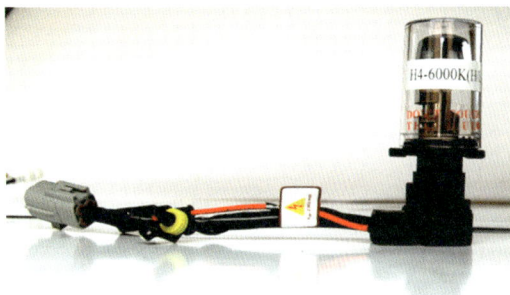

24V 的汽车电源，灯的控制器电源电压适应范围为 18~32V，并且输出功率和灯的亮度不变。

2. 汽车氙气灯的工作原理

接通电源后，通过变压器，瞬间可将 12V 电源升至 20000V 以上的高压脉冲电压，激活氙气灯泡中的氙气在电弧中产生 6000~10000K 色温的强劲光芒，颜色呈晶钻白中略带紫蓝。它彻底抛弃了传统的燃烧钨丝发光原理，是照明系统领域的革命性变革。

三、汽车电子导航系统的概述

1. 汽车电子导航系统的结构

汽车电子导航系统（GPS）由导航卫星、地面接收站和用户设备（GPS 接收装置）组成。

1）导航卫星。使用 24 颗（其中 3 颗卫星为备用）高度为 20200km 的导航卫星组成卫星星座，分布在 6 条近圆轨道上，绕地球旋转，每一条轨道分布 4 颗卫星。导航卫星星座示意图如图 9-51 所示。

2）地面接收站。它包括 1 个主控站、4 个监测站和 1 个注入站。主控站设在加利福尼亚范登堡空军基地，它控制着整个地面站的工作，其主要职能是根据各监测站送来的信息计算各卫星的星历和卫星时钟的修正量，按规定的格式编制成导航电文，以便通过注入站注入卫星。

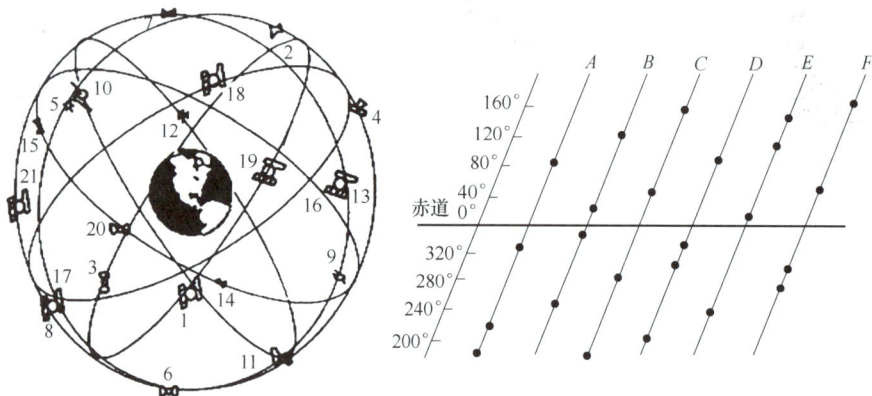

图 9-51　导航卫星星座示意图

3）用户设备。导航卫星采用无源工作方式，凡是有 GPS 接收设备的用户都可以使用 GPS。用户设备包括全向圆极化天线、接收机、微处理器和控制显示设备等，有时也统称为 GPS 接收机。汽车电子导航系统结构简图如图 9-52 所示。

2. 汽车电子导航系统的类型

（1）地磁导航系统　地磁导航系统利用地磁作为导向的基准，它有一个双线圈发动机型地磁矢量传感器，可作为方位传感器。地磁水平分量的磁感应强度十分微弱，对外界干扰很敏感，故抗干扰、误差修正是该系统的优势。

（2）惯性导航系统　惯性导航系统实际上是一个电子陀螺仪，其方向传感器是封入氦气的气体速度陀螺，其他设备及功能和地磁导航系统一样。

（3）GPS　GPS 是 20 世纪 70 年代中期美国国防部在子午仪卫星导航系统基础上发展起来的新一代卫星定位导航系统，整个系统已经于 1993 年 6 月实施完毕，现在已投入正常使用。

（4）混合导航系统　目前汽车导航采用自行导航与全球卫星定位导航相结合的混合导航系统，可以计算车辆的位置（方向和当前位置）并制成轨迹，可以在地图上显示车辆的当前位置与车辆的轨迹。即使在无法接收 GPS 信号的区域，如隧道内、室内停车场、高楼耸立的街道、高架桥下或密林内等地方也能导航。混合导航如图 9-53 所示。

（5）北斗卫星导航系统　北斗卫星导航系统（BeiDou Navigation Satellite System，BDS）是中国

自行研制的全球卫星导航系统。该导航系统于 2020 年正式开通，2024 年，北斗导航系统共有 60 颗卫星在轨运行。它由空间段、地面段和用户段三部分组成，可在全球范围内全天候、全天时为各类用户提供高精度、高可靠定位和导航、授时服务。北斗卫星导航系统如图 9-54 所示。

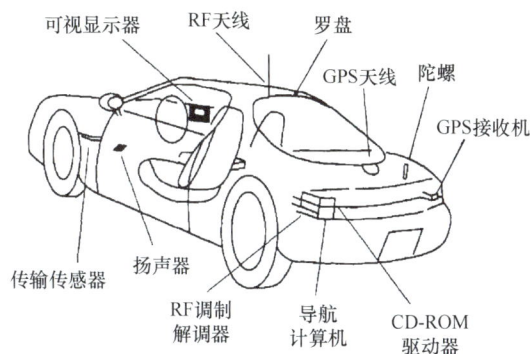

图 9-52　汽车电子导航系统结构简图

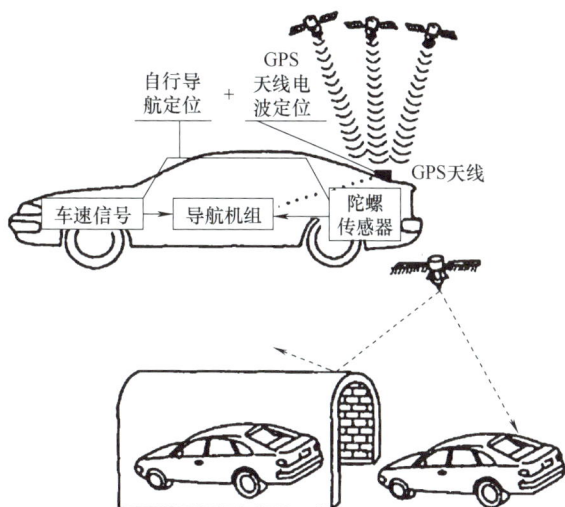

图 9-53　混合导航示意图

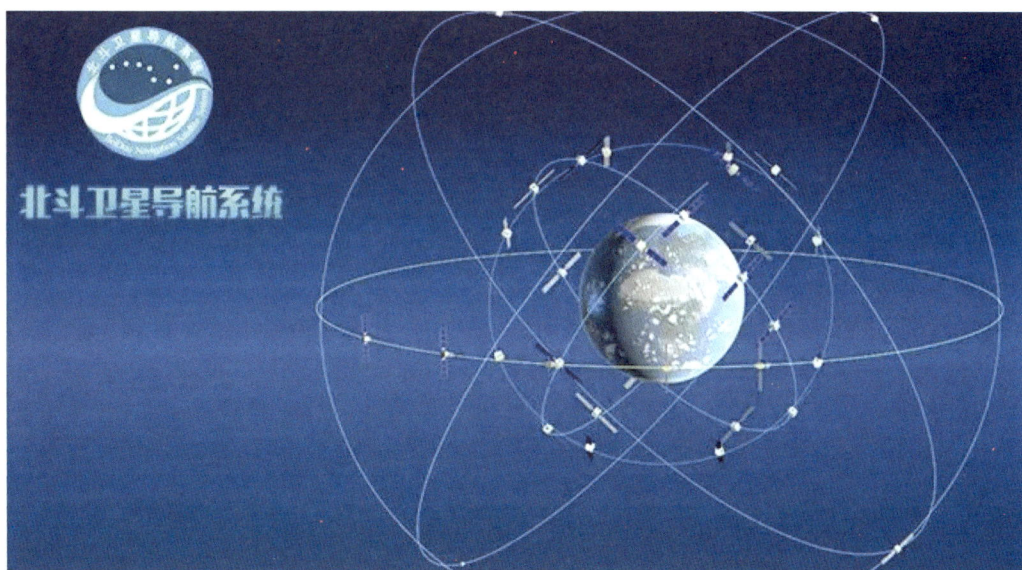

图 9-54　北斗卫星导航系统示意图

四、汽车电子导航系统的特点和功能

1. 汽车电子导航系统的特点

1）实现实时位置测定。

2）具有自动检索与图像放大等功能。

3）自动修正车辆位置。

4）交通行业控制管理的重要组成部分。

2. 汽车电子导航系统的功能

1）对目的地进行最佳路线检索。

2）具有瞬时再检索功能。

3）提供丰富的菜单和记录功能。

4）在适当时间内提供实时语音提示。

5）扩大十字路口周围建筑物和交通标志功能。

6）扩展功能。

7）导航系统和娱乐系统部件共用。

五、汽车电子导航系统的选购

1. 搜星速度

一个优秀的 GPS 导航仪搜星的时间一般不超过 1min，华创 E 路航导航仪搜星时间是 10~30s。劣质产品搜星的时间会非常慢。

2. 舆图的选择

导航的搜星速度快可以初步表明导航仪的硬件配置还可以，但这只是一个方面，另一个方面是导航仪软件还必须优秀。软件决定了 GPS 导航仪是否有一个好的舆图。

3. 选择品牌

GPS 品牌繁多，产品更是琳琅满目，其中所包含的服务应有：7 天包退、一个月内包换、一年保修，而且还要性价比极高。

4. 功能配置

现在导航仪除了导航外，还有很多其他的功能，如常见的娱乐功能、音乐播放功能和电视功能等。

任务实施

1. 工作准备

准备好 HID 灯组、手电钻、内饰件拆卸工具、通用工具 1 套、水性记号笔、棉线手套、劳保鞋等。

2. 汽车氙气灯的安装

1）让汽车发动机冷却 10min，避免安装时被散热器和发动机等发热部件烫伤。

2）将前照灯灯具卸下，同时将前照灯接头、防水橡胶罩及旧灯泡取下。

3）取出 HID 灯组，将 HID 灯泡安装在前照灯灯座上，确保灯泡已经完全固定吻合，以防止灯泡底座变形。

4）在车灯防水罩后打一个合适的小孔（使用与安装倒车雷达时同样大小的钻头），将灯座引线牵出，确认防水圈与防水罩密合。

5）将灯引出线与镇流器引出线组装好，将镇流器安装在汽车的合适位置（尽量远离热源、电路，远离易进水和油污的地方），并固定牢固，以免脱落。

6）将镇流器输入电源端与前照灯供电端连接。

7）检查上述所有步骤，确认正、负极安装无误，各接口安装到位后，即可接通电源，打开前照灯。

8）关掉电源，将前照灯灯具安装回车体，并固定牢固。

9）再次打开前照灯，检查前照灯所照射的高度和距离，并用前照灯测光调节仪进行适当调整，以免眩光过强。

10）起动发动机，打开前照灯，若连续亮 15min 没有异常现象，则改装完毕。

3. 汽车原音响系统（CD 机）的拆卸（以东风标致为例）

1）拆卸面板装饰框，如图 9-55 所示。

2）拔掉警告灯连接线（图 9-56）、解锁键连接线。

3）取下储物盒，如图 9-57 所示。

图 9-55　拆卸面板装饰框　　　　图 9-56　拔掉警告灯连接线　　　　图 9-57　取下储物盒

4）用专用钥匙取出 CD 主机（图 9-58），拔掉主机各连接线。

5）取下原车面板上空调出风口和按钮，如图 9-59 所示。

4. 汽车电子导航仪的安装

1）连接导航主机转换线，如图 9-60 所示。

图 9-58　取出 CD 主机　　　　图 9-59　取下空调出风口和按钮　　　　图 9-60　连接导航主机转换线

2）布置 USB 线，一端布线到前排乘员侧杂物箱内，另一端与主机相连，如图 9-61 所示。

3）连接收音机转换线，布置导航卫星天线，如图 9-62 所示。

4）布置后视镜摄像头连接线，一端布线到行李舱内，另一端与导航仪相连，如图 9-63 所示。

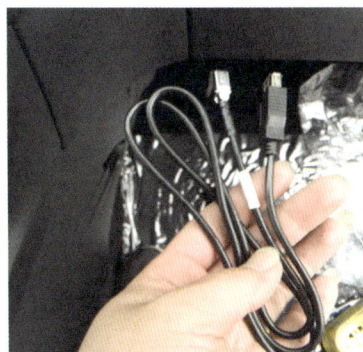

图 9-61　布置 USB 线　　　　图 9-62　布置导航卫星天线　　　　图 9-63　布置后视镜摄像头连接线

5）各线与导航主机相连，如图 9-64 所示。

6）连接警告灯连接线（图 9-65）、解锁键连接线。

7）导航主机安装完毕效果如图 9-66 所示。

图 9-64　各线与导航主机相连　　　　图 9-65　连接警告灯连接线　　　　图 9-66　导航主机安装完毕效果

5. 完工检查

1）检查汽车氙气灯的安装情况，并进行测试。

2）检查汽车电子导航仪的安装情况。

3）整理、清洁所有使用到的工具、用品和设备。按照 5S 要求，清洁使用过的工具、用品和设备并按规定摆放。

4）处理废弃物。

考核评价

汽车氙气灯和电子导航仪的选装考核标准

考核时间：120min　考核总分：100 分

考核项目	评分标准	得　分
一、工作准备（10 分）		
1. 穿着工作服、安全鞋	未穿着工作服扣 2 分，未穿着安全鞋扣 2 分	
2. 准备并清点实训用品及工具	工具准备不正确，每项扣 2 分；未做，扣 2 分	
3. 场地及教具准备	场地及教具准备不正确，每项扣 2 分	
二、汽车氙气灯的安装（50 分）		
1. 对发动机进行冷却	未按要求做扣 5 分	
2. 拆卸灯具、防水橡胶罩	未按要求拆卸扣 5 分	
3. 将 HID 灯泡安装在前照灯灯座上	未按要求安装扣 5 分	
4. 打孔	未在合适位置打孔扣 5 分	
5. 组装好镇流器线	未正确组装扣 5 分	
6. 连接镇流器输入电源端与前照灯供电端	未将镇流器输入电源端与前照灯供电端连接扣 5 分	
7. 接通电源，打开前照灯	未按要求做扣 5 分	

（续）

考　核　项　目	评　分　标　准	得　　分
8. 关掉电源，将灯具安装回车体	未关掉电源，未将灯具安装回车体扣 5 分	
9. 检查前照灯所照射的高度和距离	未检查前照灯所照射的高度和距离扣 5 分	
10. 起动发动机，检查有无异常现象	未进行再次检查扣 5 分	
三、汽车原音响系统的拆卸（10 分）		
1. 拆掉面板装饰框	未按要求拆掉面板装饰框扣 2 分	
2. 拔掉警告灯连接线	未按要求拔掉警告灯连接线扣 2 分	
3. 取下储物盒	未按要求取下储物盒扣 2 分	
4. 取出 CD 主机，拔掉主机各连接线	未取出 CD 主机，未拔掉主机各连接线扣 2 分	
5. 取下空调出风口和按钮	未取下空调出风口和按钮扣 2 分	
四、汽车倒车雷达控制器的安装（20 分）		
1. 连接导航主机转换线	未按要求连接或者连接不正确扣 3 分	
2. 布置 USB 线	未按要求布置 USB 线扣 3 分	
3. 连接收音机转换线，布置导航卫星天线	未按要求布置导航卫星天线扣 3 分	
4. 布置后视镜摄像头连接线	未按要求布置后视镜摄像头连接线扣 3 分	
5. 连接各线与导航主机	未将各线与导航主机相连扣 3 分	
6. 连接警告灯连接线、解锁键连接线	未连接警告灯连接线、未解锁键连接线扣 3 分	
7. 导航主机安装完毕	未安装完毕扣 2 分	
五、完工检查（10 分）		
1. 检查汽车氙气灯和电子导航仪的安装情况	未检查汽车氙气灯和电子导航仪的安装情况扣 5 分	
2. 整理、清洁所有护理用品、工具和设备	未做扣 5 分	
合计		

课　后　测　评

一、填空题

1. 汽车氙气灯由＿＿＿＿＿＿、＿＿＿＿＿＿和＿＿＿＿＿＿3 部分组成。

2. 汽车电子导航系统由＿＿＿＿＿＿、＿＿＿＿＿＿和＿＿＿＿＿＿组成。

3. 汽车氙气灯的型号按照灯泡的型号分类，一般可分为＿＿＿＿＿＿＿＿、＿＿＿＿＿＿和＿＿＿＿＿＿＿＿3 类。

二、判断题

1. 汽车音响外形、体积不受限制，可以根据客户需求随意生产。　　　　　　　　（　　　）

2. 汽车氙气灯是指内部充满包括氙气在内的稀有气体混合体，没有卤素灯所具有的高压气体

放电灯，简称 HID 氙气灯，也可称为重金属灯。 （ ）

    3. 汽车电子导航系统不能对目的地进行最佳路线检索。 （ ）

三、简答题

    1. 简述汽车氙气灯安装的注意事项。

    2. 简述汽车电子导航系统的功能和特点。

参 考 文 献

［1］赵俊山，胡克晓 . 汽车美容［M］. 北京：人民交通出版社，2017.

［2］周燕 . 汽车美容与装饰［M］.4 版 . 北京：机械工业出版社，2017.

［3］叶子波 . 汽车美容与装饰［M］. 北京：机械工业出版社，2016.

［4］马振宇，吴杰 . 汽车美容与装饰一体化教程［M］. 北京：人民邮电出版社，2014.

［5］鲁植雄 . 汽车美容［M］. 北京：人民交通出版社，2011.

［6］夏怀成，许金花 . 汽车养护与美容［M］. 北京：机械工业出版社，2010.

［7］刘晓锋，高婷婷 . 汽车美容与装饰［M］. 北京：科学出版社，2009.

［8］甘文嘉 . 现代汽车美容与装潢［M］. 上海：上海交通大学出版社，2002.